ストーリーに落とし込め

Motivate with Your Own Story.

世界のエリートは「自分のことば」で人を動かす

事業戦略コンサルタント/プロフェッショナルスピーカー
リップシャッツ信元夏代
Natsuyo Nobumoto Lipschutz

フォレスト出版

はじめに

†次世代のリーダーにとって必要不可欠なスキル

「ストーリー、ストーリー、ストーリー!」

私が基調講演などを行ってプロフェッショナルスピーカーとして活動しているアメリカでは、世界大会チャンピオンに輝くスピーチの達人たちは、ことあるごとにこう言います。

何よりもストーリーが大切なのだ、と。

私は日本で育って、英語ネイティブではない純ジャパの日本人ですが、プロフェッショナルスピーカーとして、英語と日本語で講演活動をしています。

スピーチの国際団体「トースト・マスターズ」において、国際スピーチ大会で、日本人ながらニューヨーク地区大会を4連覇することができました。

その陰には、過去の世界チャンピオンであるクレッグ・バレンタインらに師事したり、毎年、プロスピーカーの集中トレーニングに参加したりするなど、地道な訓練がありました。

英語ネイティブでなくても、スピーチとストーリーテリングの骨格を学べば、ネイティブに勝つこともできるのです。

そして、私が10年以上にわたって学んできたハウツーを、誰にでももっと簡単に活用できるように作り上げたのが「ブレイクスルー・メソッド」であり、そのメソッドを日本の企業で研修したり、エグゼクティブに個人セッションを行ったりしています。

そんな私が常々、企業のリーダーシップ研修で伝えていることも「ストーリーが大切だ」という法則です。

リーダーにはストーリーが必要です。

ストーリーで語ることは、いまやマーケティング戦略に必要不可欠であるのに、そのストーリーを語れるリーダーが日本には少なすぎるのが現状です。

リーダー自らが、ストーリーをきちんとマーケティング戦略と位置づけて語っていかないと、どんどん世界規準からは遅れていくでしょう。

では、ストーリーとは何なのでしょうか。


フィクション？

成功譚《たん》？

それとも自慢話？


多くの人はストーリーに漠然としたイメージはあっても、明確につかんでいないことが多いかもしれません。

物語ると言っても、何も『ハリー・ポッター』のような小説や脚本を書くわけではないのです。あくまでビジネスにつながる、そして現実に起こったストーリーです。

そのリーダーシップに必要なストーリーが誕生する瞬間を、私は目《ま》の当たりにしたことがあります。

†次世代のリーダーが心に秘めていたストーリー

ある大手企業A社で研修を行った時のことです。

このA社は小売業界では広く知られていて、日本を代表するグローバル企業の1つです。そこでは次世代のリーダーを育成するための研修があり、私はプレゼンテーションの仕方について2日間にわたる研修を担当しました。

1日目にストーリーの重要さを説き、参加者たちにストーリーを作ってもらうワークをしたのです。

「将来こんなリーダーになりたい」
「自分のリーダーシップスタイルは何だろう」
「自分にしか出せないメッセージは何か」

こうしたテーマをもとに、各人にストーリーを掘り起こしてもらいました。

たとえば、やる気のない部下に対して、ある行動と言葉でモチベーションを引き出したという話。

かつて自分を指導してくれた、尊敬できるリーダーの話。

自分の経験を掘り起こしていくと、思いがけないほどいろいろなストーリーがあることを参加者全員が発見していました。

そして、その日の研修が終わったあと、多くの人が質問をしていくなか、最後まで椅子に座ったまま、じっと待っている方がいました。仮に新田さんと呼びましょう。

新田さんは私のところに来て、彼女のストーリーをシェアしてくれたのです。

それは彼女のチームで働いていた、ある顧客アドバイザーの女性Bさんのケースでした。

彼女はスキルも高く知識も豊富であるのに、なかなか営業売上に結びつかない。それがある時、顧客の1社から地域社会のために講習をしてくれる人を探していると言われ、アドバイザーのBさんを推薦したのです。

本人は自信がないまま、「私でいいのですか?」と不安がっていたと言います。

それが実際に講習をしてみれば、Bさんの技術も知識も素晴らしいものであって、顧客から感謝されたのでした。

顧客にとっても地域社会にとっても、Bさんにとっても、もちろんA社にとってもウィンウィンな結果となったのです。

その時に新田さんが感じたのは、

「社会と、会社のアセットをつなぐことができた」

「モノとコトをつなぐことができた」

という、つなぐ喜びでした。

自分が部下のいいところを引き出してあげて、なおかつ社会貢献にもなり、さらには企業ブランドの価値も上げることができて、

「自分はつなぐことに、もっとも喜びを覚えるリーダーなのだ」

と発見したと言います。

そのちょうど1年後、Bさんから新田さんのもとに手書きの手紙が届きました。

そこにはこう書いてあったそうです。

「あの時、新田さんにチャンスをいただいたおかげで自信がつき、自分が本当にやりたい道に進むことができました」

A社を退職して、専門職として独立することになったBさんは深く感謝を述べていたそうです。

新田さんにとっても、Bさんが夢をかなえるきっかけを作れたことは大きな喜びでした。

その話をしながら、なんと新田さんは感きわまって涙を流し出したのです。

「実はこのストーリーは、いままで誰にも話したことがなかったんです。

でも今日、研修のほかの参加者がストーリーを語るのを聞いていて、私らしいストーリーはこれじゃないか、と感じたんです。

それで信元先生に聞いていただきたかったんです」

泣きながら、そう語る彼女に私は、

「大丈夫ですか。そんなに感情が高ぶるなら、明日のプレゼンはやめますか」

と確認しました。

スピーカーはストーリーを語る時に、感情がことばの1つひとつに乗ってこないと、相手の心には響きません。聞き手は、スピーカーが感情を包み隠さず話をしているほうが、心に直球で響いてきます。

とはいえ、感情が高ぶりすぎてコントロールできなくなってしまうようなストーリーの場合は、少しだけ冷静になれる時間を置いたほうが良いのです。

ぐっと感情がこみ上げてきて、あふれるちょっと手前くらいで抑えられるようなコントロールを身につけているのがプロフェッショナルスピーカーです。

そういう意味で、新田さんがまだ生々しく感情に浸っていてコントロールできないのではないかな、と懸念したのです。

すると、新田さんは「大丈夫です。ここで泣きつくしましたから」と答えたのでした。

「この体験を話したことで、自分らしいリーダーシップスタイルが初めてはっきりと自覚できました」と言った新田さん。彼女は体験を物語ることによって、初めて自分らしいリーダーシップ像を把握できたのです。

そして翌日。各自がプレゼンを披露する場になると、あの新田さんが堂々とストーリーを語ったのです。

社会と会社のアセットをつなぐ喜び。

そして、つなぐことに何よりも喜びを感じるリーダー像。

ストーリーを語る新田さんは、聞いた誰もが心を動かされて、ついていきたくなるリーダー像そのものでした。

頼もしく、部下のことを考えてくれて、成功につなげていくというリーダー像。そのプレゼンに「つなぐ喜び」というストーリーがあったからこそ、聞いていた人たちの心を揺さぶったのです。


ストーリーで語るとは、何も荒唐無稽《こうとうむけい》で、ドラマチックなフィクションを語ることではありません。

その人が体験した事実に基づくものなのです。

あなたの体験に裏打ちされた、あなたの心奥深くにある、あなただけのストーリーです。

だからこそ、聞いた人を動かすことができるのです。

†ストーリーは自分を掘り下げていく作業から生まれる

前述の新田さんは、私に話してくれるまで、彼女の体験を誰にも語ったことがなかったと打ちあけてくれました。

その体験は彼女のなかでだけ存在していたことでした。

ところが他人に、自分のことばで「語る」ことで、経験は言語化されて、客観視できるようになったのです。初めて話す時は動揺して泣き出してしまっても、その後は客観視して冷静に語れたのです。


とてもつらい体験をされた方が「いまは、ことばも見つかりません」というのは当然のことであって、体験は言語にできるようになって初めて客観視できるものです。

そして、深く自分を掘り下げていって、そこに気づきや学び、発見があった時に、他人をも巻き込むストーリーができ上がります。

新田さんにとっては、この体験を言語化して話すことで、初めて自分がリーダーとしてやるべきことがわかった、という気づきの体験でもあったのです。


私自身のケースで言うと、私は乳がんサバイバーです。

乳がんが発覚した時は、目の前が真っ暗になりました。

同時期にパブリックスピーキングの大会を控えていた私に、多くの人が「何もこんな時にコンテストに参加しなくても」とアドバイスしてくれました。

しかしながら私にとっては、こういう時だからこそ体験をシェアして、聞き手とつながりたい、多くの人たちと気持ちをわかち合いたいと願ったのです。

私が味わった不安や恐怖、娘に対する思い、そこから治療に向けて、また前向きになれたというストーリーをわかち合いました。


体験は1人のなかで留まるかぎり個人の体験ですが、ストーリーになった時には、多くの人にとっても大切な発見や知恵となります。

しかし多くのビジネスパーソンは、自分の体験したことや、自分の身に起こったことを他人にシェアすることはあまりないかと思います。

そんなことは個人的なことであって、語るに足りないことであると考えているかもしれません。

しかし、そこにこそストーリーの鉱脈があるのです。

ストーリーとは、何も天才的な起業家やビジネス界のレジェンドが語れるものではなく、あらゆるビジネスパーソンのなかに内在しているものです。


ストーリーを作ることとは、自分の内側を掘り下げていく作業です。

あなたが経験したこと。

あなたが苦労したこと。

あなたが気づいたこと。

そうしたパーソナルな体験こそ、人を動かすのです。

そんな自分らしいストーリーを、自分らしいことばで語れるリーダーに、あなたもなりませんか。

この本では、ふだんのビジネスプレゼンやセールスでストーリーがどんな効果をもたらすか、次のようなコツを取得していただきます。

「ビジネスプレゼンに使える、コーポレートストーリーの構築法」
「ストーリーに不可欠な6つの要素」
「相手を動かすための技術」
「自分らしいことばで語るコツ」
「自分らしいストーリーを語り、世界で戦え、人がついてくる魅力的なリーダーになるための秘訣《ひけつ》」

この本を読み終わる時には、必ずやあなたも、世界のエリートが実践している、人を動かす戦略的ストーリー術をマスターされていることでしょう。

世界のエリートは
「自分のことば」で人を動かす

目次

第1章 なぜできるリーダーは「心を揺さぶる」ストーリーを語るのか

第2章 あなたのことばが伝わらない、決定的な違い

第3章 映画に学べ！ 人を動かすストーリー構築法

第5章 ビジネス戦略としての「コーポレートストーリー」の作り方

第6章 リーダーは「自分のことば」で人を動かす

第1章

なぜできるリーダーは「心を揺さぶる」ストーリーを語るのか

ストーリーこそ相手の心を開く鍵

「人は、営業プレゼンには抵抗がある。しかし、巧みに語られた良いストーリーには誰も抵抗することができない。

そして、下手に語られた壮大なストーリーよりも、巧みに語られた些細《ささい》なストーリーのほうが、はるかに記憶に残るのだ」


これはパブリックスピーキングの大御所で、全米プロスピーカー協会の殿堂入りをしているパトリシア・フリップのことばです。

ストーリーが持つ力について、端的に表していると言えるでしょう。

人は誰しも、情報ではなく「ストーリー」に惹《ひ》きつけられるものであり、何か特別で壮大なストーリーを下手に語るよりも、ごく単純な日常のストーリーを素晴らしく語ったほうが、聞き手の脳裏に焼きつくものです。

認知心理学の生みの親の1人である、ジェローム・シーモア・ブルーナー氏のリサーチによると、人は事実よりストーリーを22倍、覚えていると言われています。

中高時代の歴史の授業を思い出してみてください。

ひたすら年号と事件を結びつけて年表を暗記することは、それこそ中高生でもなければできないことでしょう。

ところが、司馬遼太郎の歴史小説だとか、『キングダム』のような歴史マンガを読めば、歴史上の事件も結びつき、人物たちも生き生きと立ち上がってくるはずです。

人間は感情を持つ生き物ですから、心が動き、いろいろな感情を感じることで初めてメッセージに共感し、賛同し、納得します。

そこで、まず、ストーリーの力がわかるサンプルを紹介しましょう。

アマゾン創業者であるジェフ・ベゾスCEOが、プリンストン大学の卒業生に送る祝辞で語ったスピーチです。

「人とはその選択の結果である」という内容です。

ストーリーは、ジェフ・ベゾスが子どもの頃、夏休みをテキサスにある祖父母の家で過ごしたことから始まります。

10歳の時、祖父が運転する車で小旅行に出かけたのですが、後部座席に乗っていたジェフ少年は、助手席の祖母がずっとタバコを吸っているのに閉口したのです。

当時、何かにつけ計算をするのが好きだったジェフ少年は、祖母のためにタバコを1回吸うごとにどれだけ寿命を縮めるかを計算しました。

そして自慢げに言ったのです。

「1回吸うごとに2分だとして、おばあちゃんはもう9年間も人生を短くしているよ！」

ジェフ少年はそんな自分の頭の良さと、計算ができることを褒められるだろうと、勝手に思い込んでいました。

ところが突然、祖母が泣き出したのです。どうしていいかわからず困惑するジェフ少年。すると、祖父がハイウェイの側道に車を停め、車から出て、ジェフ少年についてくるよう外で待っていました。そして、静かにこう語ったそうです。

「ジェフ、いつかおまえにも、やさしくあることは頭が良いことよりも難しい、ということがわかるだろう」

このストーリーを語ってから、ジェフ・ベゾスは卒業生たちに向かって、こう切り出します。

「みなさんに話したいのは、才能と選択の違いです。

頭が良いというのは才能です。やさしさは選択です」

「みなさんは才能にプライドを持ちますか？

それとも選択にプライドを持ちますか？

16年前、私はアマゾンを作るアイデアが浮かびました」

すでに金融業界で働いていた彼ですが、この途方もないアイデアに夢中になり、妻も賛成してくれて、熟考を重ねた結果、最終的にやってみることを決断します。

「あなたは才能をどう使いますか？

どんな選択をするのでしょうか？

惰性に身を委《ゆだ》ねますか？　それともあなたの情熱に従いますか？

簡単な人生を選びますか？　それとも献身と冒険に満ちた人生を選びますか？

批判されると挫《くじ》けますか？　それとも信念に従いますか？

結局のところ、私たちは何を選択したか、なのです」

80歳になった時に自分の「ライフストーリー」を振り返るとして、結局人間とは何を選択したかである、とベゾスは語ります。

そしてクロージングのことばとして「みなさん、自分のために、ステキな物語を書き上げてください」と結びます。


実に心揺さぶられるストーリーです。

このスピーチを非常に感動的なものにしているのは、何といっても祖父の口にしたセリフでしょう。

これは決して成功者の自慢話ではありません。子どもの時に間違った選択をしたために祖母を傷つけてしまったという失敗談です。

どちらかと言えば、恥ずかしくて打ちあけたくない話に当たるでしょう。

でも痛い失敗談だからこそ、この教訓が深く刻まれるのです。

聴衆は名門プリンストン大学の卒業生であり、間違いなく賢く、才能に満ちあふれている若者たちです。

——やさしくあることは、頭が良いことより難しい。

そのことばにハッとさせられて「自分事」の話と受け取ったに違いありません。

もちろんアマゾン創業時の苦労話や、経営者として数えきれないほどの選択をしてきた話だとしても、きっと面白いに違いありません。

しかしながら、この少年の日の失敗と学びのストーリーだからこそ、

「人とは選択の結果である」

という、たった1つのメッセージが強く伝わるのです。

広告や企業ブランディングからストーリーが始まった

人間を動かすには、３つの要素が必要だと言われています。

アリストテレスが唱えた「説得の３要素」とは、**「エトス（信頼）」「パトス（感情）」「ロゴス（論理）」**です。

商品の機能や事例紹介では、頭で判断するロゴスは動いても、感情を動かすことはできません。

理性のみならず、感情にも信頼にも訴えないと相手を動かせないのです。

アメリカでストーリーを語ることが、ビジネス戦略に積極的に用いられるようになったのが、１９８０年代頃からと言われています。

１９９７年にアップルが打った有名なキャンペーン「Think different（シンク・ディファレント）」にはストーリーが巧みに使われ成功しました。

説得の3要素

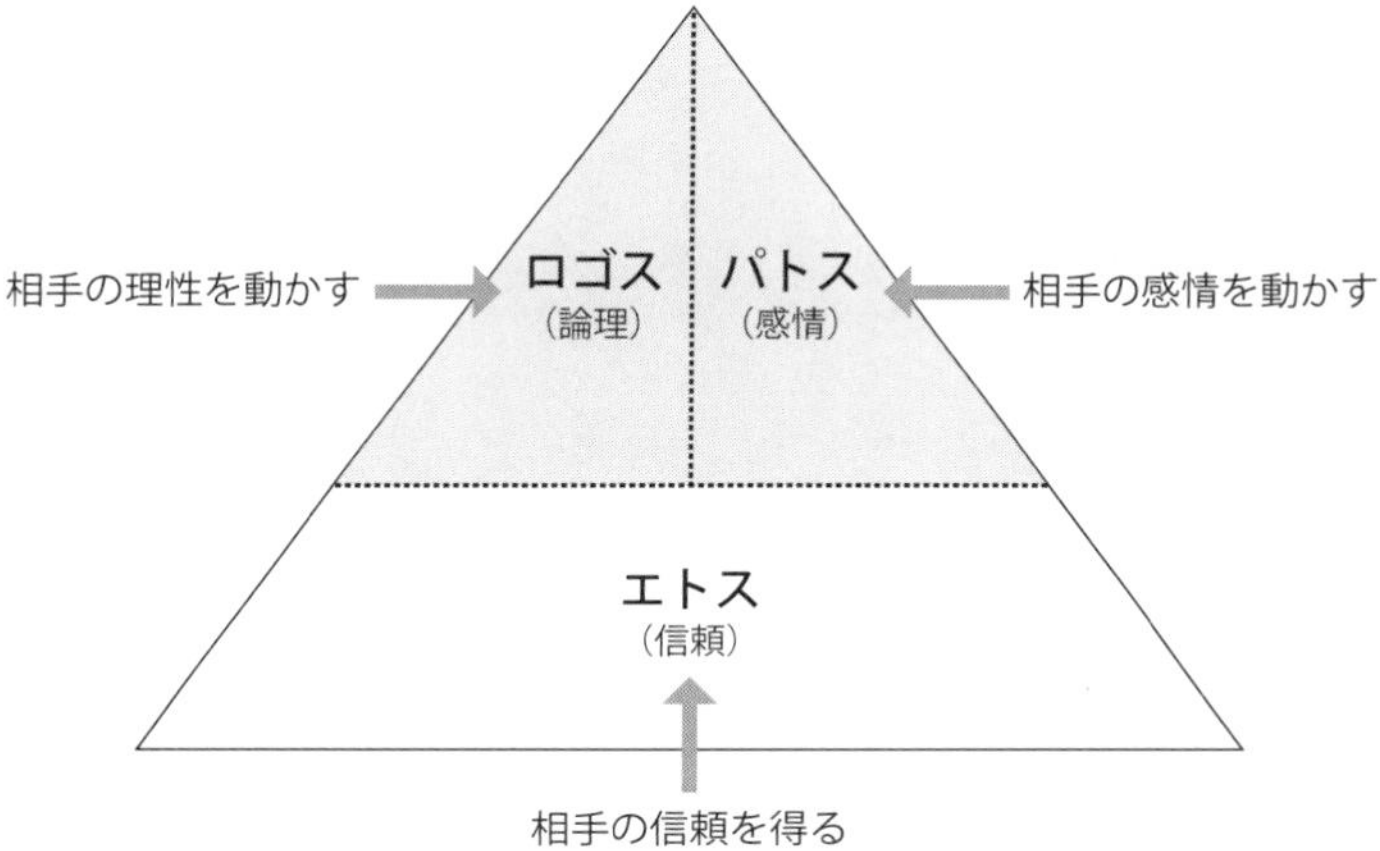

「クレージーな人たちがいる。反逆者、厄介者と言われる人たち。四角い穴に丸い杭《くい》を打ち込むように、物事をまるで違う目で見る人たち。

彼らは規則を嫌う。彼らは現状を肯定しない」

「彼らはクレージーと言われるが、私たちは天才だと思う。

自分が世界を変えられると本気で信じる人たちこそが、本当に世界を変えているのだから」

アインシュタイン、ボブ・ディラン、マ

ーティン・ルーサー・キング・ジュニア、ジョン・レノンとオノ・ヨーコ、マハトマ・ガンジー、マリア・カラスといった世界を変えた先駆者たちの映像をバックにして流れるのが、このことばでした。

つまり、社会の常識にノーを唱える人たちこそ、社会を変革できる人間こそ、アップルの製品を選ぶというストーリー展開です。

面白いことに、多くの人たちが自分のなかにも「クレージーで、人とは違う発想を持つ」部分を発見して、そちら側の人間であると共感したのです。

つまり、受け手にとって「自分事」のストーリーになったのです。

理念に共感したことによって、たんなる製品の優劣を超えて、アップルを熱狂的に支持するアップル信者を生みました。

主に広告や企業ブランディングで威力を発揮していたストーリー手法ですが、2010年代から資金調達や新事業発表など、「コーポレートストーリー」が大きく注目されるようになってきます。

2009年にはキックスターターが立ち上げを行います。クラウドファンディングを資金調達のプラットフォームにすることで、多くの新しいアイデアや発明が世に出る時代になったのです。

「いかに人々の心を動かして、自分のビジネスを応援させるか」

という課題に、ストーリーが最重要であることを、多くの起業家が発見したのです。

『アントレプレナー・マガジン』のエイミー・コスパー編集長（当時）は、「２０１４年がイヤー・オブ・ザ・ストーリーだ」と書いています。

「もちろん財政面は投資家にとって重要なものです。しかし、あなたのストーリーは、いまや『かけがえのないストーリー』であり、それこそあなたにキャッシュをもたらすものなのです」

たくさんの商品があふれているいま、なぜその商品を選ぶのかという動機にストーリーがテコとなって人の心を動かしてくれるのです。

たとえば、酒といっても吟醸酒というだけではなく、そこには米作り農家のこだわりの米作りがあり、丹精を込めて酒造りをしているというストーリーがあれば、「きっとおいしいに違いない」と受け手のパトスを動かします。

一方、最新のバイオテクノロジーを生かした酵母が使われているというストーリーであれば、未来を見せることもできるでしょう。

ある事例を紹介しましょう。


福島県で江戸時代から330年の歴史を持つ大堀《おおぼり》相馬《そうま》焼《やき》をいとなむ松永窯は、2011年の東日本大震災で帰宅困難区域となり、余儀なく避難させられることになりました。

そして当時、中国・東南アジアで起業していた息子さんは故郷に戻って窯の再興を手伝うことに。大堀相馬焼の伝統を受け継ぎつつ、新しい商品も開発します。

そこから大堀相馬焼の特徴である「二重焼」の技術を生かして、「お酒を楽しみ尽くす」ための器を生み出すのです。

それが「IKKON（いっこん）」という、ぐい呑《の》み。

3種類のそれぞれ異なる二重になった内部のカーブの角度や深度に違いを持たせることで、お酒の味の深み、風味が変化するそうです。

そう聞くと、このぐい呑みに興味を覚えませんか。

そこには大震災で故郷をなくした人たちの再興の物語というパトス、そして「二重焼」という技術というロゴス、そして伝統を守るというエトスがあるからです。

ストーリーには受け手に購入を促すだけでなく、あなたのビジネスが応援されるという力があります。

資金を調達する、契約を結ぶ、チームを目標に向かって団結させる……。そうした数々のシーンで、相手を動かす鍵がストーリーを語ることなのです。

アメリカではウェブサイトを開けば、「Our Story（私たちのストーリー）」のページがあるビジネスがどんどん増えています。

かつては「About Us」として自社紹介や企業理念を打ち出すパターンが多かったのですが、それだけでは足りずに、

「なぜこのビジネスを始めたのか？」
「どんな理想に向かっているのか？」

といったストーリーが欠かせないものになってきています。

そうしたストーリーに共感してもらうことは、ビジネスの戦略に欠かせないもので

あり、リーダーシップの条件ともなっているのです。

「未来予想図」を語り、20億円の融資を手に入れたジャック・マー

では、トップリーダーたちは実際にどうストーリーを生かしているでしょうか。ストーリーテリングが巧みなビジネスリーダーと言えば、ジャック・マーが筆頭に挙げられるでしょう。

1年に1回しか鶏が食べられないという貧しい家庭に育ったジャック・マー。ジャック・マーが語るのはサクセスストーリーではありません。大学には3回落ち、仕方なく教職につき、それからアメリカに渡っても、ハーバード大には申請しても10回断られたと言います。

「職を探していてもすべて断られました。たとえホテルの仕事であっても、おまえでは容姿が悪すぎると断られたんです」

起業家になるとも想像しておらず、インターネットのビジネスを始めた時も決して大きなビジョンがあったわけではないと語っています。

実はジャック・マーは「4つのF」（84ページ参照）を利用して、自分の失敗談から始めているのです。

つまり、自分の「失敗談」をストーリーの流れに取り入れているのです。

「私がこれほど有能だったからサクセスしたのです」

というストーリーではなくて、

「失敗続きだった私。でも失敗を何度もしてそこから学んだから、ビジネスを修正して成功できたのです」

というストーリーに作っています。

成功ストーリーでは、受け手は「この人が特別だからできたんだろう」と感じるだけですが、失敗をストーリーに入れることで「その方法をマネすれば、自分にもできるかもしれない」と感じさせるわけです。

「成功物語を勉強するな。失敗から学ぶべきだ。過去18年間、私たちは毎日失敗したり拒絶されたりしてきました」

「拒絶されたら痛いのが当たり前です。だからこそ夢に向かって愚かであり続け、闘い続けなくてはなりません。失敗を避けるのではなくて、失敗に立ち向かうことを学ぶのです」

彼のこうしたメッセージは多くの起業家やビジネスパーソンにインスピレーションを与えるものでしょう。

またジャック・マーのビジネスを成長させたのも、ほかならぬストーリー能力でした。

ソフトバンクの孫正義が中国のビジネスプレゼンのミーティングに来ていた時のことです。

ジャック・マー以外のすべての人たちは、しっかりしたビジネスプランや戦略を発表したなかで、彼だけがそのような戦略はなく、どんな未来を作りたいのか、アリババはどんな会社になってどう世界に貢献するのか、これまでの軌跡とこれからのビジョンをストーリーとして語りました。

それに孫正義は感銘を受け、20億円をアリババに投資したのです。

ジャック・マーが語ってみせたのは、ビジネスプランや戦略ではなく「未来予想図」で、それが明確なビジョンにつながっていることです。

どんな未来を作りたいのか、どう世界に貢献したいのか。

それをストーリーとして語れたところに、ジャック・マーの力があります。

だからこそ、このリーダーを信じたい、ついていきたい、投資したい、ビジネスを共にしたいと思わせる力があるのです。

ビジョンを形にする、最大の近道がストーリーなのです。

ストーリーは創作フィクションを語ることではない

たしかに、ジャック・マーのストーリーは波瀾万丈《はらんばんじょう》ですが、自分のビジネスにはそんなにドラマチックな出来事がないという方もいるかもしれません。

よくある誤解が、ストーリーというのはドラマチックに話を盛って語ることだという認識です。

それは大間違いです。ストーリーを語るというのは、あくまで自分の体験や気づきを語ることです。

そのいい例が、トヨタ社長の豊田章男氏が、バブソン大学の卒業生に送った祝辞スピーチです。これをサンプルにして、ストーリーの構造を見ていきましょう。

構造としては、ここでは3つのストーリーが効果的にスピーチに組み入れられています。

まず1つ目は豊田社長が、バブソン大学に留学していた時の話です。

「私はバブソンでは、寮と教室と図書館を往復する、ひと言でいえばつまらない人間でした」

と卒業生たちに向かってマジメな学生時代を明かしつつ、

「しかし、卒業してニューヨークで働き始めると、夜の帝王になったのです」

と落としてみせて、聞き手を笑わせます。

「人生で喜びをもたらすものを自分で見つけることが大切です。私がバブソン生だった頃、自分で見いだした喜びは……」

と期待を盛り上げつつ、

「ドーナツ」

と意外なオチを言って、ドッと笑いがわき起こります。

「人生で喜びをもたらすもの」＝「ドーナツ」という方程式をまず印象づけます。

そして2番目が少年時代のストーリーです。

「少年の頃、タクシードライバーになりたいと思っていました。

夢は完璧《かんぺき》にはかないませんでしたが、きわめて近いことをしています。

ドーナツより大好きなものがあるとしたら、それは車です」

子どもの頃から車が大好きだったというエピソードが語られます。


そして3つ目が、彼が社長に就任してからのストーリーです。

「私が社長になってからすぐに景気が後退し、東日本大震災も発生しました。

リコール問題ではワシントンの公聴会で証言しなければなりませんでした。

その時は、本当にタクシードライバーになっていればよかったと思いました」

ここでは艱難辛苦《かんなんしんく》のストーリーが語られます。

「バブソンで過ごした日々で、変化から逃げるのではなく、変化を受け入れるということを学びました。

みなさんも同じであってほしいと思います」

さらに、52歳でマスタードライバーになるための挑戦をしたと話します。

ここで語られるのは、タクシードライバーになりたかった少年が、バブソン大学で勉強に打ち込み、トヨタのＣＥＯになった時に苦労にあいつつも、52歳の時にはマスタードライバーの訓練に挑戦するという車愛にあふれたストーリーです。

「では早送りして、みなさんが成功して、本当に大好きなことをしているとしましょう。ＣＥＯからＣＥＯへのアドバイスをさせてください。しくじらないで。当たり前と思わないで。正しいことをやりましょう。年を取っても新しいことに挑戦してください。

みなさんの時代が、美しいハーモニーと、大いなる成功と、たくさんのドーナツで満たされますように！」

最後に「ドーナツ」で締めるところが、またうまい。

「ドーナツ」ということばが、メッセージを伝えるツールとして、あたかもクシで通してつなげている感じに仕立てています。

以上、ここで語られるエピソードじたいは決して変わったものではありません。けれども「自分だけのドーナツを見つけよう」というテーマに向かって、３つの体験がストーリーとして語られているため、聞き手の心と頭に焼きつくスピーチとなっています。

そして、このスピーチを聞いた卒業生たちやその家族たちは、トヨタという企業にも好感を抱いたのではないでしょうか。

あなたの肩書や資格よりも、実はあなたしか持っていない、あなたのストーリーが相手を動かす近道なのです。

リーダーは、その企業のブランドの顔でもあることをしっかりと認識し、自分のことばで、自分にしか語れないストーリーを発信していく力を備えておきたいものです。

「何が一番伝わってほしいか」がストーリーでもっとも大事

では一方で、退屈なスピーチやプレゼンが世の中にあふれているのは、なぜなのでしょうか。

これだけストーリーを語ることが重要になってきていながら、物語の概念がわかっていないリーダーが多いのも事実です。

もし小学校低学年の子どもに、遠足の作文を書かせるとしたら、だいたいこんな作文になるはずです。

「遠足の朝は、6時半に起きて、朝ごはんにおにぎりを2つ食べました。それから集合場所に行って、みんなでバスに乗り込みました」

子どもは、こんなふうに朝から起きたことを時系列に並べていくものです。

なぜならトピックの何を取り上げて、何を削除するかという取捨選択がまだできないからです。

成長するにしたがって、人は一番伝えたいテーマに沿って、出来事を取捨選択して伝えることができるようになるわけです。

ところが、企業のプレゼンや挨拶《あいさつ》のスピーチとなると、いきなり小学生の作文に戻ってしまうことがめずらしくありません。

「先ほどご紹介いただきました代議士の信元でございます。

私は地元の発展のために尽力して、××年には新しいゴミ焼却炉の建設を、××年にはふれ合い広場の建設を、××年には独り暮らしのお年寄りへの宅配サービスをしてまいりました」

といったように、ずらずらと時系列で並べていくスピーチを、誰でも耳にしたことがあるでしょう。

これが聞き手にとってインパクトをもたらすかと言えば、残念ながらノーです。聴衆は聞いたはしから忘れてしまうに違いありません。

ひと言で言えば退屈であり、「だから何？」と言いたくなる内容だからです。

では、インパクトがゼロのストーリーにならないためには、何をどうするべきなのでしょうか。

大事なのは、初めに**「何が一番伝わってほしいか」**を考えることです。

遠足の作文でたとえれば、一番遠足で印象に残ったことが「山の頂上にたどり着いたら気持ち良かった！」ということであれば、それがよく伝わるような順番で作文を書きなさい、ということです。

どんなプレゼンでもスピーチでも、そこには「この一点が伝わってほしい」という「たった1つの大事なメッセージ」がなくてはなりません。

私はこれを「ワンビッグメッセージ」と呼んでいます（92ページ参照）。

ワンビッグメッセージなくしてスピーチやプレゼンは存在できなく、ワンビッグメッセージを伝えるためにこそ、ストーリーを使うのです。

ワンビッグメッセージは、日本語なら20字くらいにするのが最適です。

人間はだいたい15字から20字程度のフレーズが覚えやすいと言われており、あまりに長すぎると覚えられないという問題があります。

たとえば、コマーシャルのキャッチコピーを見ていても、だいたいが20字前後のコピーになっています。

「きれいなおねえさんは、好きですか」（15字／パナソニック）

「キンチョーの夏、日本の夏。」（11字／キンチョー）

「なにも足さない。なにも引かない。」（14字／「山崎」サントリー）

「あなたと、コンビニ、ファミリーマート」（16字／ファミリーマート）
「俺より強い奴に会いに行く」（12字／「ストリートファイターⅡ」カプコン）
「カステラ1番、電話は2番、3時のおやつは文明堂」（20字／文明堂）

つまり、このくらいの長さが覚えやすいのです。

私の「ブレイクスルー・メソッド」では「ワンビッグメッセージは20字にまとめよう」と提唱しています。

前述の豊田社長のスピーチで説明すれば、ワンビッグメッセージは、

「自分だけのドーナツを見つけよう」（15字）

となります。そのワンビッグメッセージに沿って、エピソードを選んで、ストーリーを作り上げているわけです。

あるいは、ジャック・マーの言いたいことが、

「成功ではなく、失敗から学べ」（12字）

であれば、自分がいかにたくさん失敗してきたか、そして失敗することで知恵を学

び成功に導くことができたというストーリーの流れになるのが必然となります。

たとえば、あなたが起業したビジネスが、

「食品ロスをなくすために、スーパーから廃棄処分のフードを引き取り、それをアプリで格安に手に入れられるサービス」

だとしたら、まずそのコンセプトをワンビッグメッセージに凝縮してみましょう。

「誰かのいらない食は、誰かにとっている食事」（19字）

というワンビッグメッセージにまとめるとします。

そして、そのメッセージを、聞き手の「頭（ロゴス）」と「感情（パトス）」と「信頼（エトス）」に伝えるのが、ストーリーを作る鍵となります。

あなたがその事業を思いついたきっかけは何だったでしょうか？

あなたを動かしたのは、コンビニでバイトして廃棄食品の多さにショックを受けたことかもしれないし、あるいは貧しい国を旅した時に感じた食の大事さかもしれません。

そうしたあなた自身の経験から、エピソードを取捨選択してストーリーを作り上げた時、誰にも語れない〝**あなただけのストーリー（ことば）**〟になります。

このワンビッグメッセージと、ストーリーの作り方については、第2章で詳しく解説して、作り方をつかんでいただきます。

コツさえ学べば、誰でもストーリーを語ることができるようになりますので、ここではまず「ストーリーにはワンビッグメッセージが必要だ」ということだけ頭に入れておいてください。

もちろん時系列も使い方によっては、ストーリーを語る際の大きな武器になるものです。

スティーブ・ジョブズのiPhone発表時のプレゼン（２００７年）が、その代表的なものと言えます。

「2年半、この日を待ち続けていました」

第一声で、ジョブズはこう切り出します。

それも笑顔で登場するのではなく、本当にしみじみと、いままでの道のりを味わうように、たっぷり間をあけて語るのです。

これだけで「いったい2年半で、どういうすごいものを開発してきたのか？」と聴衆の期待感を高めます。

「数年に一度、すべて変えてしまう新製品が現れます。アップルがそうしてきたように。そして今日、革命的な新製品を３つ発表します」

とジョブズが切り出し、その３つの商品、「ワイドスクリーンのタッチパネル」「革新的な携帯電話」「突破的なインターネットのコミュニケーション・デバイス」が、実はiPhoneという1つの製品でした、というオチで、聴衆をあっと驚かせるのです。

この時のジョブズのプレゼンは、時系列でこれまでのアップルの革新の軌跡を印象づけ、今日これから発表する「３つの新製品」への期待感を高めています。これは時系列の流れを戦略的にストーリーに取り込んだからこそ、聴衆の期待を最大値まで押し上げることに成功したのです。

ストーリーを語ることは企業戦略として常識となった

ストーリーを語ることの強みは、何と言っても物語であるために、伝播《でんぱ》力（広く伝わっていく力）があるということです。

企業コンセプトをストーリーに乗せて語れるリーダーがいると、自社社員にとってはコンセプトをしっかり把握して、それを伝播しやすい。同時に、聴いた受け手にとっても他者にそのコンセプトを伝えやすいのです。

リーダー１人が必死に自社の宣伝をするよりも、聴いた人が次々と伝播してくれたら、これほど強いブランディングになるものはありません。

その良い例として、グループソフトウエアの開発会社であるサイボウズが挙げられます。

サイボウズは、青野慶久社長も山田理副社長もストーリーで語るのがズバ抜けてうまいというめずらしい企業ですが、おかげで講演依頼が引く手あまたになっています。

どこがうまいのか、青野社長のプレゼンテーションを例に解説しましょう。

1997年に愛媛で起業したサイボウズですが、グループソフトウエアの会社として少しずつ成長をしていきました。

ところが青野社長就任後に、なんと「離職率が28%にまで上昇」という事態に。すなわち4人に1人が離職するということで、「毎週送別会があるような状態で、大変だった」と青野社長は苦境を語ります。

そこで取り組んだのが、「どういう働き方をしたいのか」と社員に尋ねていくこと。働き方に不満があって離職するなら、そこから改善していこうと試みたのです。

すると、驚くほど多岐にわたる社員のさまざまな要求が出たそうです。

「週に3日だけ働きたい」「家で働きたい」「副業がしたい」「親の介護があるので地方に戻って働きたい」

などなど、意表をつく要求に驚きながらも、そのつど四苦八苦して、サイボウズは働き方改革を進めていきます。

「100人いたら、100通りの人事制度があっていい」

「ちょうど石垣を積み上げるように、多様な個性を重視」

と働き方の多様化にチャレンジ。

さらに青野社長自身が育児休暇を取ることで、自分自身の働き方も見直さざるを得なくなります。

育児のために毎日16時に退社することで、とても回しきれなくなった自分の仕事と情報をすべてシェアすることにしたそうです。

そうした多彩な働き方を実現したのが、グループシェアのソフトウエアを活用すること。

「情報のシェアを行えば、多様な働き方ができる」

という結論に導きます。


ここで注目してほしいのが、このストーリーが、「ドラゴンクエスト」のような古典的な物語と同じ構造であることです。

まだ勇者ではない主人公アオノがいる。そこに姫が魔物にさらわれる（離職率）という困難が立ちはだかる。

そこでクエストに出た主人公に、次々と怪物（社員の要求や育児休暇）が襲いかかり、主人公は怪物を倒して経験値を上げる。そして勇者となってラスボスを倒して、姫を助ける。

この「姫」が企業で言えば、業績に当たるわけです。

さまざまな困難を切り抜けながら、業績を伸ばすというストーリーになっているから、聴衆は自然と面白く聴けるわけです。

このプレゼンテーションのテーマを、とことん削《そ》ぎ落としたワンビッグメッセージで言うならば、

「キントーンを使えば働き方革命ができる」（18字）

ということになるでしょう。

サイボウズが開発したグループソフトウエア、kintoneを使えば、情報の共有ができ、そのことによって組織のマネジメントが軽量になり、フレキシブルな多様な働き方ができるようになる、ということです。

さらに面白いことにストーリーを持ち込むと、たんに製品の宣伝には留まらず、その会社に対するイメージアップにつながるのです。

青野社長がありとあらゆる無茶な社員の要求をそのつど解決してきた過程、育児休暇を取ってみた話、そうしたストーリーをもって語られると、

「こういう会社はいいな」

というポジティブな印象が培われる。そして「サイボウズという会社のファンになる」という現象が起こるのです。

それは究極のマーケティングとも言えます。

つまり、ストーリーで会社のブランディングを成し得ているのです。

いま、求められるリーダーシップ「ファシリテーター型」

ストーリーを語ることは、現代だからこそリーダーシップのために、より求められ

る条件になってきています。

国が貧しい段階から経済成長をする時は、「オレオレ型」の強力なリーダーシップを持つリーダーが望まれました。

戦後の日本を牽引《けんいん》したのは、こうした圧倒的ボス型のリーダーでした。トップを「おやじ」と呼び、ワンマンなおやじを慕うという家族型の組織が形成されていたと言えます。

けれども21世紀となり、より多様化した個人の幸福度を重視するようになった社会ではどうでしょうか。

モノを持ちたがらない、シェア経済に生きるミレニアル世代やZ世代にとって、押しつけや縛りは非常に苦痛に感じるでしょう。

近年フレデリック・ラルーが唱える「ティール組織」がビジネス界で大きな話題を呼びましたが、彼の定義で言えば、圧倒的なボスが率いる組織は「レッド組織」と名づけられます。

そこから社会や経済の変化にともなって、ヒエラルキー型の「アンバー組織」やパフォーマンス達成型の「オレンジ組織」など組織の変化が生まれてきます。

そして、次世代型組織とされる「ティール組織」は、自主経営や全体性、存在目的を重視するというものです。

トップダウンの命令ではなく、メンバー1人ずつが自主的に考え、行動する組織ということです。

そういった社会の変化に合わせて、リーダーシップも「あれやれ」「これやれ」と指示するだけではなく、部下が考える余地を残し、コミュニケーションを対話型にしていくリーダーが望まれます。

これから必要とされるのは、そうした「ファシリテーター型」のリーダーシップであり、多くの企業リーダーシップ育成講座でも、私はそこを強調しています。

ファシリテーション（facilitation）とは、会議などの場で、発言や参加を促したり、話の流れを整理したり、参加者の認識の一致を確認したりして、合意形成や相互理解をサポートすることを意味します。

たんなる司会や進行役とは違って、ファシリテーターは、中立な立場で、議論の質や、結論にまで導くプロセスを管理するということに大きな責任を担っています。

ファシリテーター型リーダーシップとは、部下たちからアイデアを引き出すように働きかける、個人を尊重しながら共通の目的に向かって協働するようにするリーダーシップと言えるでしょう。

そのためには人の意見を聞く力と、おのれのストーリーを話せるコミュニケーション能力が非常に必要となってくるのです。

ストーリーを学ぶことで、自分らしいリーダーになれる

さらに言えば、ストーリーを語ることの重要さは、相手を動かすのみに留まりません。自分にとっても非常に有益なのです。

なぜなら、ストーリーを考えることによって「内省」という重要なことを行うからです。

「はじめに」で登場した、リーダーシップ研修を受けた新田さんのケースのように、体験を内省して、言語化した時に、初めて人は客観化することができ、学ぶことができます。

あらゆる業界の世界のエリートたちは、おしなべてストーリーを語ることが上手ですが、それは、うわべだけの話し上手だからではなく、自分の経験を幾度となく振り返り、心のなかを見つめ、何を思いどう感じ何を学んだのか。それをあらためて客観的に熟考することを繰り返し、人に話してきたからなのです。

反省とは過去に起こった自分の間違いを振り返る、いわばネガティブ視点を起点とする「フィードバック（Feedback）」です。

一方、内省とは、自分自身と向き合い、自分の考えや言動を振り返り、気づきを得ることで今後につなげる、ポジティブな視点の**「フィードフォワード（Feedforward）」**と言えます。

「人が英知を得る手段のなかで、この『内省』こそが、もっとも高貴な方法である」

こう孔子《こうし》は言っています。

できるリーダーとは、「利益相反のバランスを保つ一方で、正しい決断を迅速に躊躇《ちゅうちょ》なく下せるリーダー」のことです。

自らの決定や行動または知識を省みる能力がある人だから、会社や組織を、成功へ導くことができるのです。

メディア界きっての大物アリアナ・ハフィントンは、この内省を各々が持つ知恵と創造性を結びつける方法として推奨しています。

また莫大《ばくだい》な資産を持つ投資家レイ・ダリオも、自らの苦境を省みたことが世界最大のヘッジファンド・ブリッジウォーターを創業する助けになったと語っています。

世界で活躍する日本人も同様です。

たとえばイチロー選手は、

「自分はいま、ここにいる。でも自分の斜め上にはもう１人の自分がいて、その目で自分がしっかりと地に足が着いているかどうか、ちゃんと見ていなければならない」

と語っています。

イチロー選手はスランプに陥って自分を見失った時、客観的に自分を見ることの必要性を感じ、このコメントのように、自分自身の振る舞いをもう1人の自分が冷静に見つめるべく心がけるようになったと言います。

自分を客観視することで自分を取り巻く状況を把握することができれば、たとえ順境であっても逆境であっても冷静に判断することができるでしょう。

内省的思考は、自らの内にある信念や思い込みを把握し、また、それらがどのようにして自らの決定に影響を与えるか、問題解決において機能するか、行動の要因となるかについて理解する手立てとなるものです。

多くの人が生涯に職場で過ごす時間は、7万から10万時間に及ぶと言われています。それだけ過ごす職場で成長することで、人生そのものも、さらに豊かになるはずです。

内省ができるリーダーは強く、世界のトップリーダーはみんな内省しています。

内省から生まれたストーリーは、「あこがれのリーダーのマネ」ではなく、あなたらしさを確立したリーダーとして、周りの人を惹きつけてやまないはずです。

第2章

あなたのことばが伝わらない、決定的な違い

リーダーシップには、たんなるストーリーではなく「相手を動かせる」ストーリーで語る力が求められます。

何が「相手を動かせる」か「動かせない」かの違いを生むのか。

どうすれば「動かせる」のか。

そこにはふだん気づかないでしていることで、実は決定的な差を生むポイントがあるのです。

この章では、そのハウツーを習得していただきます。

まず「これでは人は動かない！」という3つの理由と、解決策を解き明かしていきましょう。

これでは人は動かない①
オレオレ・スピーチ

最近の若手ビジネスパーソンは、職場の飲み会や忘年会を嫌ってスルーする人が増えているようです。理由は「お金を払ってまで上司の自慢話や説教を聞きたくないから」だとか。

当然です。誰もそんなものは聞きたくないに決まっているわけで、仕方なく聞くか、あるいは聞いているフリをしているだけでしょう。自慢話は、まったく賢明なストーリーではありません。

ですが、ストーリーを語ると、いまだに多くのエグゼクティブたちが手柄話だとカン違いをして**「オレオレ・スピーチ」**をしているのも事実です。

私が東京で行ったパブリックスピーキングのイベントに、政治家のMさんがいらっしゃいました。イベント終了後に「とても参考になった、ぜひとも実践したい！」と興奮気味にお話ししてくださるMさんから、1つ質問をいただきました。

「政治家の演説はどうしても、〝オレオレ・スピーチ〟が基本なんです。自分の実績を有権者にアピールしないといけません。どうしたらいいのでしょうか？」

私は常々、「オレオレ・スピーチから脱却せよ！」と提唱しています。

政治家でなくとも、「オレオレ・スピーチ」になってしまうケースはよく見られます。

自分が気づかぬうちにしている人が多いのです。

なぜ「オレオレ・スピーチ」から脱却すべきなのか、それをどうやって脱却するのかを説明しましょう。

プレゼンやスピーチには、話し手が伝えたいことを主張するというイメージがあります。

「今日、私がみなさんにお話ししたいことは……」

「私の経験では……」

「私は……と考えています」

「わが社の実績は……」

「われわれは、このようなミッションを掲げています……」

こうしたセリフを頻繁に聞きますよね？

「私が」「わが社が」「われわれが」「自分のチームが」、すなわち「オレが、オレが……」です。

自分は決して「オレオレ」と言っているつもりではないのに、気づかないうちに

「自分視点」で話してしまっているケースがほとんどなのです。

これこそ私が「オレオレ・スピーチ」と呼ぶ**「自分視点のスピーチ」**です。

このような「オレオレ・スピーチ」では、自分が伝えたい内容が前面にきてしまい、聞き手の興味や問題意識などは後回しになってしまう傾向にあります。


一方で、良い語り手とは、**「聞き手視点」**で話ができる人であって「オレが主役」ではありません。

「聞き手視点」で考えてみれば、主役は聞き手。

聞き手は、語り手がいかに偉いかという話ではなく、「自分の役に立つ」「自分のためになる」あるいは「自分が共感できる」話を聞きたいのです。

つまり、聞き手を主役にすると、「他人事」から「自分事」として捉えることができるということです。


「今日、私がみなさんにお話ししたいことは……」⬇**「みなさんに今日お持ち帰りいただくポイントは……」**

「私の経験では……」⬇「**みなさんにも私の経験がこのように生かせます……**」

「私は……と考えています」⬇「**みなさんも……と考えてみることから始めてみませんか**」

「わが社の実績は……」⬇「**みなさんは安心してわが社にご依頼ください**」

「われわれはこのようなミッションを掲げています……」⬇「**みなさんのゴール実現をお手伝いいたします……**」

このように、聞き手を主役にして同じメッセージを言い換えてみただけでも、聞き手が受ける印象は、かなり「他人事」から「自分事」に変わりませんか？

「聞き手視点」を持ってメッセージを構築するだけでも十分に効果があります。しかしながら、スピーチの達人と言われる人たちは、たんに「聞き手視点」を持つだけでなく、さらに巧みな方法で、自分視点から聞き手視点へとメッセージを転換しています。まさしくストーリーの活用です。

例を挙げると、小泉進次郎氏は街頭演説や講演会で人気が高い政治家として知られています。

ある講演会の冒頭で、彼はこう切り出したそうです。

「民主党へ政権が交代した選挙で、初当選した時のことです。当時、世襲した政治家への風当たりがそうとう強く、自民党への失望感とも重なって、演説しても話を聞いてもらえなかった。自分の名刺を破られ、演説する横で太鼓を叩《たた》かれ、わざと足も踏まれました」

昔を振り返り、こんな苦労話を話し始めると、聴衆は瞬時に話に引き込まれたそうです。

なぜなら、自分が犯した失敗談やうまくいかなかった体験談を語ることで、聴衆自身も経験がある、「彼も自分と似たような経験があったのか」と、「あるある」を引き出すことができ、話し手と聞き手との距離が縮まり、共感を引き出すことができるからです。

聴衆に共感してもらい、関心を惹きつけるには、「自分視点」で成功をアピールするのではなく、「聞き手視点」で、自身の失敗談や経験談をもとにした「ストーリー」が効果的です。

政治家の山本太郎氏も、聞き手視点のストーリー使いの達人です。

彼が巧みに使っているのは、れいわ新選組の仲間たちや、これまで触れ合ってきた一般市民の「ミニストーリー」です。

聴衆の全員が、それらのいずれかに必ず状況が当てはまる、あるいは似通っている点を見つけることができ、共感できるように工夫されているのです。

たとえば、こんなミニストーリーです。

「多額の学費ローンを借金させられている学生たち」
「派遣切りになったシングルマザー」
「かつては銀行員でエリート街道を歩んでいたのに、コンビニ親会社に搾取され続けたコンビニオーナー」

このようなたくさんのミニストーリーを次々と語るピンポイント作戦で、聴衆がどこかで必ず共感できるポイントを作っていきます。同時に、聴衆全体を包括的に取り込んでいくアプローチも合わせ技で使っています。

「いま、企業利益は過去最高レベル。でもバブル時代以上に自分の収入が上がってる方はいますか？（挙手を求める）誰もいない！」

一般市民に具体的に焦点を当てた「ミニストーリー」をたくさん例に挙げて、個人レベルの「聞き手視点」に訴求しながら、聞き手全員に問いかけていくことで、「聞き手視点」をさらに強化しています。

さて、前述の政治家Mさんの質問に戻りましょう。

政治家は票集めのために「オレオレ・スピーチ」をとおして自分の実績を存分にアピールすべきなのか。

答えはノーです。

選挙演説の場合は、たまたま通りがかった人が演説を部分的に聞いて、その人の足を止められるか、そしていかに内容を興味深く聞いてもらえるかが鍵になります。

これは選挙演説でなくとも、ビジネスの場でも同様のことが言えます。相手の心をいかに捉え、放さずに最後まで惹きつけられるのか。ひと言で言えば、スピーチのどの部分を切り取っても、聞き手にとって「自分事」だと感じさせる、ということです。

人は「自分事」だと感じられると、足を止め、耳を傾け、心を開いて聞いてくれます。聞き手の「他人事」から「自分事」に変えることが、まさに、「聞き手視点」であり、自分の身近なことなのだと捉えられるような「ストーリー」なのです。

そんなストーリー使いが素晴らしかったのが、イチロー選手の引退スピーチです。アメリカで絶賛された、みごとなものでした。原文は英語ですが、和訳でご紹介します。

「東京で引退した夜、私は不十分な気持ちでした。シアトルの素晴らしいファンのみなさんがそこにはいなかったからです。

今夜は、何年にもわたって温かく支えてくれたみなさんへの感謝を伝えたいと思います」

そう切り出してイチロー選手は過去を振り返ります。

「2001年に、私がシアトルにやって来た時には、どのポジションでも日本から来た選手はいませんでした。

みなさんが迎えたのは、27歳の小柄で痩《や》せた、無名の選手でした。

受け入れてもらえなくても当然だったのに、みなさんは両手を広げて歓迎してくれました。私が一度去って、また戻った時も止《や》むことなく歓迎してくれたのです」

「自分のキャリアを振り返って、自分にプライドを覚えるところがあるとすれば、2001年の初日から2019年の最後の日まで、毎日の挑戦を乗り越えて、毎日変わらぬ情熱を持ち続けられたことです」

「シアトル・マリナーズのみなさん、愛するようになったこの街で、愛する野球をプレーできる機会を与えてくださったことを永遠に感謝します。

そして、尽きることなくサポートしてくれた僕の家族にも。

では、プレーボール！」

このスピーチに万雷《ばんらい》の拍手がわき起こりました。

もちろんどんな野球選手でも、「これまで私が活躍できたのは、ファンのみなさんのおかげです」くらいは言うでしょう。

しかしイチローが語ったのは、徹底的にファンの「聞き手視点」なのです。

英語の原文で見るとよりよくわかります。

"The one you got was 27years old, small, skinny and unknown."
(あなた方が迎えたのは、27歳の小柄で痩せた、無名の選手でした)

"You had every reason not to accept me. However, you welcomed me with open arms and you have never stopped, even when I left and came back."
(あなた方が私を受け入れない理由はいくらでもあっただろう。けれども、あなた方は両手を広げて私を迎え入れてくれて、決して止めることがなかった。私が一度去って、また戻ってきた時も)

すべて「You（あなた）」が主語になっているのです。

これこそ「聞き手視点」なのです。

あの偉大な才能を持つ、卓越したプレイヤーであるイチロー選手にして「あなた」を主語にして語っていることのすごさを感じませんか。

こう言われて感動しないファンたちがいるわけがありません。ファンを主役にしてくれたスピーチに惜しみない拍手が送られました。マリナーズ・ファンの心に、永久にイチローは刻みつけられたに違いありません。

つい「オレオレ」になりそうになる時は、「あのイチロー選手でさえ、聞き手視点」であると思い出してください。

視点を変えるだけで、聞き手への刺さり方はまったく変わってくるのです。

ぜひ「聞き手視点」を活用して、「オレオレ・スピーチ」から脱却していきましょう。

これでは人は動かない②
共感できるストーリーがない

若い部下にとっては、上司の「オレの若かった頃は」話も、うんざりするものの1つでしょう。

いわく「オレの若かった頃は、怒った上司の灰皿が飛んでくるなんてザラだった」とか、「納品の前には会社に1カ月泊まり込んで、家に帰らなかった」といった武勇伝の類《たぐい》ですが、つい口にしがちです。

しかし、そんなことを言われても部下にしたら「いまならパワハラですね」「ブラック企業ですね」といった感想しか出てこないでしょう。

スピーチやプレゼンでも、しばしばこうした聞き手にリンクしないストーリーを語るケースがあります。

たとえば、あなたの会社が「誰にでも簡単にウェブサイトを作ることができるプラットホーム」を開発したとしましょう。

同じ専門分野のエンジニア相手であれば、専門用語も理解してもらえるかもしれません。

しかしエンドユーザーに、どれだけ技術的に優れているのかを語っても、彼らにその価値を理解できなければ意味がありません。

一般のエンドユーザーは、

「それを使ったら、どんなに簡単に、自分のサイトがステキに作れるのか」

という未来予想図に興味を惹かれるのです。

つまり、ここでは彼らにとって「いかにベネフィットがあるか」「いかにうれしい未来が待っているか」というのを主軸にしてストーリーを語る必要があります。

それも相手が中年以上の中小企業オーナーであれば、

「いかに簡単に、パソコン音痴《おんち》でも作れるか」

ということが大きく惹かれるポイントになるでしょう。

一方、若い世代向けであれば、

「いかに起業やクラウドファンディング、新しい事業のすばやいブランディングに役立つか」

という点が、興味を惹かれるポイントになるかもしれません。

聞き手にとって、自分自身を反映させられる内容だったかどうかで、コネクションの深さが決まります。

聞き手にも「自分もこのスピーチの一部だ」と感じたい欲求が隠れているのです。「これは自分に関わることだ！」と感じたいのです。

ぜひとも、彼らをストーリーのなかに含めてあげましょう。

たとえば質問をしたり、簡単なアクティビティをしたり、彼らの反応を見ながら返してあげたりというようなことです。

聞き手をストーリーのなかに含めるには、彼らが共感できるストーリーを語り、ともにその場にいたかのような、疑似体験をさせることがコツです。

前章で紹介した、トヨタの豊田章男社長のバブソン大学でのスピーチは、その点出だしが非常に巧みです。聴衆は卒業生たちです。

スピーチの冒頭ではのっけから、

「卒業後、仕事があるか不安を感じている方もいるでしょう、みなさんの心配事をまずは解決しましょう。みなさん全員にトヨタでの仕事をプレゼントします！」

と、驚きの発言を切り出します。

とたんにどよめいて、拍手喝采する聴衆に向かって、

「まだ、人事部からはOKもらっていないのですが」

と落として、笑いを引き出します。

その笑いが、聞き手の心をほぐすアイスブレイクの役割をしていて巧みです。

このあとの展開も、こんな調子で続きます。

「これで就職活動に関する悩みは解決したと思いますので、もっと大事な話をしまし

ょう」

と言って、シリアスな話に入るのだな、と思いきや、

「つまり、今晩のパーティーでどれだけハジけるかです」

予測していた答えや期待を大きく外すことで、笑いにつなげています。

「さらに重要なことは、私もパーティーに参加できますか？」

と尋ねて、笑いをとったあとに、

「ただし夜更かしはできません。明日は『ゲーム・オブ・スローンズ』の最終回だからです」

さらなるユーモアをたたみかけて、聞き手の心をがっちりつかんでいます。

相手は大学を卒業する若者たち。まさに『ゲーム・オブ・スローンズ』のファン世代であり、そしてパーティーではじけることばかり考えているのもお見通しであるわけです。

ミレニアル世代にとって関心あることをズバッと突いているため、聴衆の心を一気につかんでいるのです。

すなわち相手に共感させることがいかに大切かということですが、「共感力」については、ライブストリーミングサービスを提供するSHOWROOMを創設した前田裕二氏がとても示唆にとんだ話をしています。

まだ幼い頃に両親を亡くした前田裕二氏は、路上でギターの弾き語りを始めます。

そこで彼が発見したのは、

「投げ銭は、歌がうまいからといってもらえるものではない」

という法則でした。

これはどんな業界でも言えることですが、「性能」がそのまま売上に比例するわけではありません。

開発するほうは「ここが優れているから売れるはずだ」と思っていても、実は「売れる要素は別にある」ことが、しばしばあります。

前田氏が発見したのは、人は「うまさ」や「すごさ」よりも「共感」に投げ銭を払ってくれるという人間心理でした。

その場所を行きかう人たちの年齢や好みに合わせた曲を演奏したほうが、当然ながら「投げ銭」は増える。

また、客からリクエストされた曲は、その場で弾くのではなくて、

「1週間後のここで」

と約束させることで、よりエンゲージメントを高める。

彼が立ち上げたSHOWROOMでも、ミュージシャンたちのストーリーに何よりも重きを置くと言います。

「肩書きではなくて、その人がどういう人なのかというのを、まず聞きたい」

という前田氏は、誰よりも「共感力」の大事さを熟知していると言えるでしょう。

これでは人は動かない③「だから何？」の答えがない

聴衆を動かせないパターンの３つ目が「So What?（だから何？）」の「答えがない」ことです。

たとえば、こんな感じのスピーチを耳にしたことはありませんか？

「ただ今、ご紹介にあずかりました信元です。

私は１９９５年に早稲田大学を卒業しまして、その後すぐにニューヨークに渡り、伊藤忠インターナショナルの鉄鋼部に配属されました。そこで総合職として営業に従事したのち、紙パルプ部に配属になり、事業開発を行いました。

２０００年にはニューヨーク大学のＭＢＡに入学。マッキンゼーでのサマーインターンシップを経て、２００４年に、自身の戦略コンサルティング会社、アスパイア・インテリジェンスを創業いたしました。同社では、Ａ社、Ｂ社、Ｃ社といった大手企業のコンサルティングや企業研修をご提供してきました。そして、２０１５年にはブレイクスルー・スピーキングを立ち上げ、現在に至ります」


しばしば見受けられるのが、この手の話し方です。

ストーリーを語っているようでいて、実は語っているのは自分史の羅列だけ。

いったい、そこから聞き手が得られるものは何でしょうか。

あなたの話を聞いても、だから何なのか？

その提案を取り入れたらどうなるのか？　何がどう変わるのか？

ポイントが見えないと、相手は心が動かされないどころか、話を聞いていた時間が無駄だった、と感じてしまうかもしれません。

「So What?（だから何？）」の答えがないスピーチやプレゼンは、聞き手にとっては意義がないものとなります。

あなたの提案を取り入れたら、「どんな未来予想図が待っているのか」を明確に見せてあげることで、相手の心を惹きつけ、心を揺らし、賛同や共感につなげることができるのです。先ほどのスピーチに「So What?」を入れると、こんな具合になります。

「私にはある異名があります。『踊ってしゃべれるコンサルタント』です。

戦略コンサルタントとして多くのグローバル企業のコンサルティングをしているかたわら、アメリカでプロフェッショナルスピーカーとして、みなさんのスピーチのブレイクスルーのお手伝いをしています。

でも、みなさんが気になるのは、『踊れる』の部分ではないかと思います。

こう見えても、私は大学時代、ミュージカルサークルでステージに立ち、現在では競技ラテンダンスの選手もしています。

一見、ロジカルな戦略コンサルティングとかけ離れた世界のようですが、実は密接につながっているんです。

なぜなら、人は、ロジックがないと説得力に欠けますが、共感が得られて初めて心から納得するからです。競技ダンスは、フロア上で十数組ものカップルが同時に踊って競い合うのですが、やはり観客の目を惹くのは、感情表現だけではなく、ストーリーを描き、その世界観を観客と共有しているカップルです。これはパブリックスピーキングにも言えることです。

つまり、相手を動かすスピーチ術とは、ロジカルな情報の整理術と、エモーショナルなストーリーの合わせ技なんです。

これは、戦略コンサルタントであり、競技ラテンダンサーであるからこそ知りえた知識です。

その知識を集大成したのが『ブレイクスルー・メソッド』です。

今日はみなさんに、必ず相手を動かすことができるプレゼンの方法を持ち帰っていただきます」

失敗談こそ人を動かす。リーダーは「4つのF」で共感を集める

次に「相手を動かす」ために欠かせない要素を考えていきましょう。

過去にあなたが、とても共感したストーリーを思い出してみてください。

ＴＥＤでのスピーチ、各界の著名人のスピーチ、あるいは身近な人が行ったプレゼ

ンでもかまいません。

どんなストーリーの流れだったでしょうか。

たとえば植松努さんのTEDxでのスピーチ。

植松さんは、マグネットという低電圧電磁石システムを製作販売する民間の小さな会社を経営するかたわら、自身の夢であったロケット開発にも、会社として全力で取り組んでいます。

世界に3つしかない、そして日本では植松さんの会社にしかない、微小重力実験塔（コスモトーレ）を建設し、世界からも大きな注目を集めています。

聞き手である私たちは、植松さんが手中に収めた成功の秘訣をぜひ知りたいと思うでしょう。

ところが、植松さんのスピーチでは、「どうしたら成功するか」という秘訣よりも、ご自身のつらかった体験談にフォーカスを当てて話が進められているのです。

生まれて初めての会社経営で大成功の末大失敗し、2億円もの借金を抱えてしまったこと。

小学校に上がってすぐ先生に嫌われ、抱いていた夢に対して、「どうせムリだ」と言われ、独りぼっちで孤独であったこと。

そして自信と可能性が奪われてしまったこと。

そして、そんな体験から、人が楽になるために「どうせムリ」という言葉をなくせば、どんなに世界が良くなるだろうと身をもって知ったと、植松さんは聞き手に繰り返し、繰り返し伝えます。

植松さんの人生における、数々の苦悩のストーリーを聞いているうちに、聞き手の心は植松さんの虜《とりこ》になってしまいます。

そう、人が心を動かされるのは、いまの成功の裏にあった苦悩や失敗談なのです。


ではあなたがふだんしているビジネスプレゼンを考えてみましょう。

「わが社の製品がどれほど素晴らしいものか」

「わが社はどれほどグローバルに活躍し成功している会社か」

そうやって「成功話」にフォーカスしていませんか？

もちろんビジネスでは、自社や自社商品・サービスを売り込むため、相手が獲得する「ベネフィット」にフォーカスする必要があります。

しかし、相手を「その気」にさせるためには、「いかに良いか」だけにフォーカスしていては成功しないのです。

聞き手が苦労しているような課題や問題意識を察知し、いかに自分たちもその苦労を経験してきたか、そこからどんな失敗やフラストレーションを経て解決策を見いだしてきたのか、そこを語ることで、「この人は／この会社は、われわれの苦労をわかってくれる」と共感し、人の心が動くものです。

いかなるストーリーにおいても「４つのＦ」のいずれかの要素を組み込んでいくのが大切です。４つのＦとは次のとおりです。

① Failures（失敗、過ち）
② Flaws（欠点）
③ Frustrations（フラストレーション、不満、苦悩）
④ Firsts（初めての体験）

プレゼンテーションというのは、人と人との心のつながりを作るものです。心を動かさない単なる情報提供なら、資料を配布して読んでもらえばよいのです。わざわざ「人」が「人」に向かって、「ことば」というアナログな方法でコミュニケーションするのは、心のつながりを求めるからです。

そして人は、お互い何かが足らないからこそ惹かれ合うものです。大成功を収めて完璧《かんぺき》なように見える人の話は、自分とは遠い存在としてしか見えません。

けれども、先の4つのFのような失敗談を聞くと、親近感がわき、「自分にもできるかも」「それをやってみよう」と思うようになるものです。

その良い例が2018年のスーパーボウルで優勝した、フィラデルフィア・イーグルスのクオーターバックとしてピンチヒッターを務めた、ニック・フォールズのスピーチです。

実は本来のクオーターバックであるカーソン・ウェンツが、負傷のため休場となってしまい、「バックアップ」のクオーターバックであったニック・フォールズが、仮リーダー役を務めることになりました。

いわば代役、2番手がチームを束ねたわけです。

とてもスーパーボウルまでいくのはムリだろうと言われていたものの、蓋《ふた》を開けてみれば、ニック・フォールズは冷静沈着、かつ素晴らしいリーダーシップにより、どんどん勝ち進んでいったのでした。

最終的には、強敵であり、フットボール界の大スター、クオーターバックのトム・ブレイディが率いるニューイングランド・ペイトリオッツを打ち負かすという快挙に。「負け犬」と呼ばれていたイーグルスを、スーパーボウル・チャンピオンにまで導いたのです。

その功績がたたえられ、ニック・フォールズは、そのシーズンのMVPに輝きました。その記者会見で、ある記者がこう尋ねました。

「あなたの軌跡はユニークなものです。あなたの過去数年間の軌跡から人々が学べること、何かインスパイアされることは何でしょうか？」

その問いに答えたニック・フォールズのコメントは素晴らしいものでした。内容を簡潔に要約すると、こういうことです。

「失敗を恐れないこと。失敗は成長につながります。自分自身もたくさんの失敗をしてきたし、スーパーボウルで勝ったからといって、私は完璧でもスーパーマンでも何でもないのです。だから私は、自分の弱みのことを話す人には共感するし、耳を傾ける。弱みや苦悩を経ることは、成長のための機会なのです」

ここで注目したいのは、ニック・フォールズは自分自身の成功の秘訣などはいっさい話をしていないということです。

MVPまで獲得し、それこそスーパーマンのようだと、みなが彼の功績をたたえているところで、彼は「失敗」や「弱み」にフォーカスした回答をしたのです。

これは共感を得るスピーチの大きな鍵となることなのです。

ニック・フォールズも言っているように、人は、「自分の弱みのことを話す人に共感」するものです。

成功話にフォーカスすると、自慢話に聞こえる場合もあれば、そうでなかったとしても「あの人は特別だから。平凡な自分にはムリ」、と感じ、共感どころか、聞き手と話し手の間に距離が生まれてしまうのです。

ニック・フォールズのインタビューから学べることとは、自分の弱みや失敗、葛藤《かっとう》・苦悩などをさらけ出すことで、聞き手の共感度が高まるということです。

それは話し手にとっては少々つらいことかもしれません。

自分自身の痛い部分をあえて掘り起こし、さらには公の場でさらけ出すわけですから、心地の良いものではありませんし、勇気がいることでしょう。

成功話をしたほうがよほど楽です。

しかし共感を集め、尊敬される真のリーダーとは、自分の弱みをさらけ出すことも自然体で行うことができる人物なのではないでしょうか。

ひと言で共感を集める「ワンビッグメッセージ」

どんなスピーチでもプレゼンでも、この1点だけは聞き手に伝えたいというメッセージがあるものです。

その「たった1つの大事なメッセージ」を、私が提唱しているブレイクスルー・メソッドでは、**「ワンビッグメッセージ（One Big Message）」**と呼んでいます。

相手に伝わるだけでなく相手を動かすことのできるストーリーを作るために何よりも大切なのは、話の最初から最後まで全体を通して、このワンビッグメッセージが一貫して明確に伝わってくる、ということなのです。

100人が聞いたら、その100人全員が、

「いまのプレゼンのメッセージはコレコレだったね」

と同じことを言えるスピーチが、最強なのです。

そのためにすべきことは、まず話し手自身が、伝えたいことを、たった１つのワンビッグメッセージに絞り込むことです。

英語の場合は「10語以内で」と言われるのですが、日本語にすると「約20字」が適切な長さです。

「ワンビッグメッセージを20字以内に凝縮する」

というルールを決めておくと、本当に言いたいことだけに徹底的に絞り込むことになります。

絞り込まれているからこそ、異なる解釈をする余地を与えず、圧倒的に伝わるメッセージに仕上がるのです。

また短いためにメッセージを覚えやすくなり、聞き手の脳裏にしっかりと焼きついてくれるのです。

20字にまとめるプロセスは、以下の手順でやってみましょう。

①まず本当に大切なメッセージは何か、考える

ここで「あれも入れたい」「これも入れたい」としたら、情報が絞り切れていないということですから、まず情報を絞りましょう。そして、「自分視点」ではなく、「聞き手視点」を持つことも忘れずに。

②そのメッセージを20字以内にまとめてみる

ここで30字も40字もあったら、やはり情報が絞り切れていないということになります。

絞り込んだメッセージを、あなたが言いやすい20字以内のコピーにまとめられたら、そのスピーチ／プレゼンは勝ちです。

その素晴らしいサンプルに、スティーブ・ジョブズが２００５年に行ったスタンフォード大学卒業式でのスピーチを挙げることができます。

これがなぜ「伝説のスピーチ」と言われるほど評価が高いのか、そこには理由があります。

冒頭でジョブズは、「自分が生きてきた経験から、３つの話をさせてください」と切り出します。

これはパブリックスピーキングの用語では「ロードマップ」と呼ばれるもので、いわば「どこに向かっているかを示す行程表」と考えてください。

人間、どこに向かっているかわからない列車に乗るよりも、向かう先がわかるほうが当然ながら安心して身を委《ゆだ》ねることができるのです。

「この急行列車はダージリン行きです」

と言われたほうが「ダージリンと言えば、あの紅茶の産地だろうか」と行き先に興味もわいてきますよね。

ジョブズが話した3つのストーリーは以下のようなものです。

1つ目の話は「点と点をつなぐ」です。

生まれて間もなく、養子に出されたスティーブ・ジョブズが、養父母のもとで大学に進学するものの、資金難に苦しみ、あえなく退学。

しかしながら、ここで彼は好きな学問に潜り込みます。

そこで学んだのが、カリグラフィーでした。

文字を美しく描くことは、一見コンピュータ技術とは関係ないように見えます。

ところが、ジョブズを動かしたのは、「カリグラフィーの美しいフォントを生かすコンピュータ」という、それまで誰も考えたことがない発想でした。

そこでデザインとして美しく、ユーザーフレンドリーな画面を持つマッキントッシュが開発されたのです。

一見、関係なさそうに見える「ある点」と「ある点」をつなぐのが最初のストーリーです。

続く2番目のストーリーは、「愛と喪失」です。ジョブズは自分が作ったアップルから追い出されるという話です。

本人にとっては、どれだけ痛い事件だったか想像に余りあります。けれども、この経緯によって、ジョブズはＮｅＸＴという会社を立ち上げ、ピクサーも立ち上げるという機会に恵まれます。

そしてアップルがＮｅＸＴを買収して、彼はアップルに返り咲くのです。

それはアップルを追い出されなければ起こり得ない機会でした。

「苦い薬でしたが、私にはそういうつらい経験が必要だったのでしょう」

つまり一見、大失敗に見える事件でも、おのれのために役立つというストーリーです。


そして3つ目のストーリーは「死」についてです。

この時点で、ジョブズはがんの宣告を受けていて、余命も限りある段階です。

そこで「時間は限られている、本意でない人生を生きて、時間を無駄にしてはいけない」と語ります。

彼が若い時に目にした『全地球カタログ』には、早朝の田舎の道の写真の下に、このコピーが書かれていました。

「Stay Hungry. Stay Foolish.（ハングリーであれ。愚かであれ。）」

「それはいつもおのれに願っていたことでした。卒業して新しい道を歩む、あなた方にも同じことを願います。

ハングリーであれ。愚かであれ」

このスピーチのワンビッグメッセージは、
「ハングリーであれ。愚かであれ。」（13字）
となります。
英語の原文ですと、
「Stay Hungry. Stay Foolish.」（４語）
となります。

そして分析してほしいのが、すべてのストーリーがそのワンビッグメッセージにつながっているということです。

一見、関係ないことを語っているようでも、実は点と点がつながって新しい発想となるというストーリー。

一見、大失敗をして挫折《ざせつ》したとしても、そこには学びがあり、ちゃんと得るものがあるのだというストーリー。

そして「死」という避けられないものに対した時に、時間は限られているのだから無駄にしてはいけないというストーリー。

それがすべて指し示すのは、「ハングリーであれ。愚かであれ。」（13字）というメッセージです。

迷ってもいい、失敗してもいい、人生の時間は限られている、他人が愚かだとけなしてもアイデアを捨てるな、ハングリーに夢を追い求めよ。

このメッセージは多くの若者を鼓舞し続けます。

スティーブ・ジョブズ自身は亡くなりましたが、彼のこのメッセージは後世に残るでしょう。

ワンビッグメッセージが、ストーリーに乗せて伝えられた時、その話はとてもパワフルなものになるのです。

あなたのプレゼンが変わる！「ワンビッグメッセージ」の使い方

私はスピーチ／プレゼンの企業研修や個人コーチングを行っていますが、ここでは、あるＩＴ会社のプレゼンテーション研修の例をお話ししましょう。

その部署ではリバース・イノベーション（新興国発の技術革新やアイデアを先進国に導入し世界に普及させる）を打ち出すため、経営層に向けた戦略プレゼンを練っていました。

以下がもとのプレゼン例です。


「新興国で生まれた技術革新や、新興国市場向けに開発した製品などを先進国に逆輸入するという、リバース・イノベーションに着目しました。

Ｐ＆ＧやＧＥ、ネスレ、マイクロソフトなど、多くのグローバル企業がリバース・イノベーションに取り組んでいて、市場拡大への貢献はもちろんのこと、社員の知識、経験を集約化、企業文化を活性化させ、会社全体の志気アップにもつながっています。利益率も高まるというデータも見られています。

リバース・イノベーションを取り入れることで、われわれの製造プロセスも、試作の早い段階で、Ｇｏ／Ｎｏの判断をつけやすくなるため、事業効率も高まります」

いかがでしょうか。

これは日本ではよくあるプレゼンのパターンで、導入があり、説明があり、そして結論があるという型に沿っていて、構成としてはわかりやすくすっきりとまとまっています。

しかし、このプレゼンを聴いた時に、「何を言いたいのか？」がすぐに伝わってくるでしょうか。

市場拡大？　事業効率の高まり？　企業文化の活性化？　志気アップ？

つまり、このプレゼン例には、「ワンビッグメッセージ」が見当たらないのです。

もしかすると、全部を伝えたいのかもしれません。

けれども情報には、優先度合いやレベル感の違いがあります。

聞き手の心が動くために、もっとも重要なメッセージは何か。

その観点から情報を整理してみると、聞き手にとってもっとも響く情報と、その周辺情報に分けられるはずです。

このプレゼンは、経営者に対して自社の戦略はこうすべきだ！　と訴えかけることが目的でした。

だとしたら、「自社の戦略」に関して経営者がもっとも反応する情報は何だろうか、と考えて情報整理してみることです。

それを念頭に置いて「ワンビッグメッセージ」を意識した改善例が、以下のバージョンです。

「わが社の市場機会を事業効率よく高める。それがリバース・イノベーションの最大の利点です。

リバース・イノベーションとは、新興国で生まれた技術革新や、新興国市場向けに開発した製品などを先進国に逆輸入するというコンセプトで、P&GやGE、ネスレ、マイクロソフト、などなど多くのグローバル企業も取り入れ、市場機会の拡大を効率よく高めています。

わが社の市場機会を効率よく高めるために、ぜひともリバース・イノベーションの導入を提言します」

まず伝えるべきメッセージを明確にし、そして、その理由を説明する流れで伝わりやすくなっているのがわかります。

さらに、ワンビッグメッセージは短く簡潔にまとめ、要所要所でそれを語っていくことで、相手により深く刺さることになります。

上記の改善例では、

「わが社の市場機会を事業効率よく高める」（18字）

がワンビッグメッセージです。

ワンビッグメッセージを乗せたプレゼンだからこそ、間違いなくメッセージが聞き手に伝わり、相手を動かすことができるのです。

第3章

映画に学べ！
人を動かすストーリー構築法

ハリウッド映画は、アメリカとカナダだけでも、約110億ドル（約11兆円）の業界と言われています。なぜそこまでの需要があるのかと言えば、世代も国も超えて、誰もがストーリーに心が揺り動かされるからです。

韓国映画の『パラサイト』が2020年のアカデミー賞で4冠を得たことからもわかるように、面白いストーリーは言語も人種も超えて伝わるものです。

ビジネスでのストーリーも、実はハリウッド映画のストーリーと同じ構造で成り立っています。

ここでは最強のハリウッド映画をお手本にしながら、ストーリー構築の基本について学んでいきましょう。

1. 3幕構成法でストーリーの骨組みを作る

映画であってもビジネスのコーポレートストーリーであっても、あらゆるストーリーにおいて、基本は３幕構成です。

第１幕は状況説明。

主人公が登場して、その取り巻く環境を説明します。

第２幕はコンフリクト、すなわち葛藤や困難。

危機が起こったり、問題に直面したりして、そのコンフリクトを解決する探究の旅が始まり、格闘します。

クライマックスで主人公はその困難に打ち勝ち、変化が起こります。

そして、**第３幕で収束。**解決や学びが得られ、新たな生活や未来が訪れるという流れです。

たとえば昔話の「桃太郎」で見てみると、こんな具合です。

第１幕では、桃から生まれた桃太郎の状況設定が語られます。

第２幕では、鬼というコンフリクトに対して、桃太郎は退治に出かけ、犬、サル、キジを従えて、鬼ヶ島でバトルを繰り広げて鬼を退治します。

第３幕では、鬼の財宝を持ち帰って、めでたし、めでたし。

『アナと雪の女王』で見てみると、こんな展開になっています。

この場合はダブル・ヒロインという、ユニークな設定です。

第1幕では、雪や氷を作る魔法の力を持って生まれたアレンデール王国の王女エルサと、その妹アナが閉ざされた城のなかで暮らすという状況設定が語られます。

第2幕では、海難事故で両親を亡くすという悲劇が起こり、戴冠《たいかん》式を迎えるエルサと、招待客の1人であるハンスと恋に陥るアナ。

エルサの失踪《しっそう》というコンフリクトが起こります。

そして、アナにとっては姉を探す冒険の旅となり、エルサにとってはおのれを探す自己探求の旅となります。

そしてクライマックスが、ハンスとの戦いです。

第3幕は、姉妹の愛が勝ち、王国に平和が訪れ、エルサは王座につきます。

あなたが好きな映画やマンガを思い出してみてください。

主人公は、必ず何かの目的に向かって冒険しているはずです。

映画のストーリーの基本は３幕構成

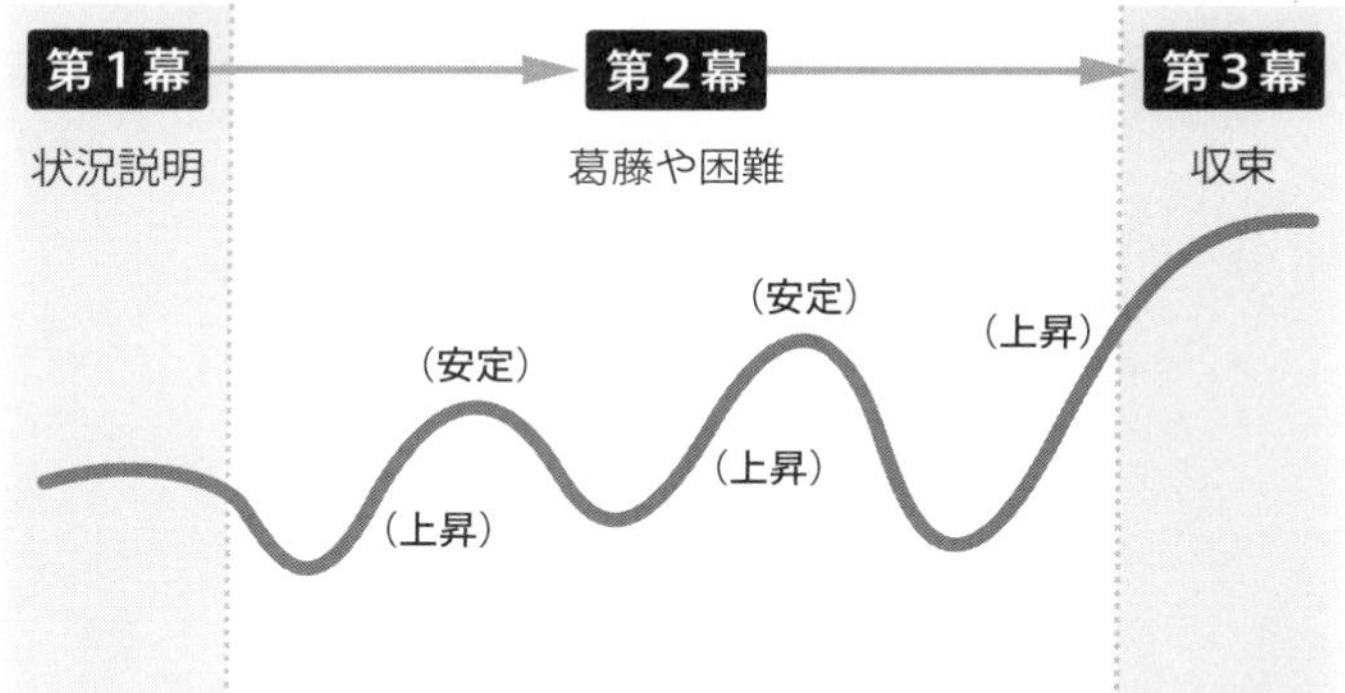

※葛藤や困難は何度か訪れ、そのつど上昇と安定を繰り返す（154 ページ参照）

主人公は、何かの目的を達成したい。それが「宝を探す」ことでも、「悪の帝国を倒す」ことでも、「好きな人と両思いになる」ことでも、ゴールはともあれ、そこに達したいと願っている。

けれども、そのためには困難や障害（コンフリクト）に立ち向かわなければいけない。それをどうやって乗り越えていくのか。

そこが観客にとっては見どころであり、ヒーローに感情移入をして、「その目的を達成してほしい」

という思いとともに手に汗を握り、ストーリーに惹き込まれていくわけです。

ご存じのとおり、『ハリー・ポッター』

シリーズは、全8巻の大作です。それでも全体を通してみてシンプルにまとめると、
「ハリー・ポッターという、特別な運命を持った魔法使いの少年がいる」（第1幕）
「さまざまな困難をくぐり抜ける」（第2幕）
「ヴォルデモートを倒して、平和をもたらす」（第3幕）
という構成になっています。
あなたが大好きな映画やマンガでは、どのような3幕構成になっているか考えてみて、ノートに書き起こしてみましょう。

2. 具体的にストーリーを作る5ステップ

では、具体的にストーリーを作っていってみましょう。

ここでは5つのステップで、ビジネスやプレゼンにおけるストーリーを完成させる方法を解説します。

映画や昔話であれば、「これがあれば、めでたし、めでたし」で終わっても満足しますが、ビジネスプレゼンにおいては違います。

相手を動かすためにプレゼンをしているのですから、次の３つの要件を満たしていないといけません。

①明確なゴール（このプレゼンで何を達成したいのか）
②明確な学び（何をそこから学んだのか）
③明確なネクストステップ（聞き手にどうなってほしいのか）

ステップ1　聞き手を知る4つの質問

最初に取りかかりたいことが、聞き手が誰であるかを知ることです。

なぜかと言えば、聞き手によってアピールすることが違ってくるからです。

映画でもターゲットをまず明確に想定するものです。たとえば、ディズニー映画であれば、子どもがターゲットですから、子どもにふさわしくない内容は題材として選ばれません。

あなたが行うビジネスプレゼンにおいても、「明確なゴール」のために、「聞き手」が誰であるかを知るために、以下の4つの質問を考えていってみましょう。

A. 聞き手は誰か？

相手はクライアントなのか、同じ部署の人間なのか、投資家なのか、あるいは講演会に集まる会員たちなのか、どんな対象でしょうか。

さらに、表層的なデモグラフィクスにとどまらず、深層心理まで仮説を立てられると、もっと聞き手への理解が深まります。

たとえば、その聞き手はどんな課題・問題を抱えていて、それに対してどんな意識を持っているのか、何に興味があるのか、心が惹かれるツボはどこか、どんなライフスタイルを送っているのか、趣味嗜好《しこう》は何か……などです。

マーケティングであれば、これは最初にすべき項目です。ストーリー作りもマーケティング戦略設計と同じなのです。

B. 聞き手へのベネフィットは何か？

その話を聞いて、聞き手にとってのベネフィットは何でしょうか。

生き方についてインスパイアされることなのか。新しい製品を手に入れることで便利な生活に導かれるのか、得するヒントが得られるのか。

聞き手にとってプラスになることを書き出してみましょう。

C. なぜあなたなのか？

ほかでもない、なぜあなたが話すのかという理由を自問してみてください。

あなたがその製品を開発に関わっているから熟知しているのか、あなたが体験したことから得た気づきなのか、自ら情熱を賭《か》けているチームワークなのか。

その答えを書き出してみましょう。

D. 聞き手にどうなってもらいたいのか？

そして４つ目の質問が、その話を聞いた相手に、どう動いてもらいたいのか、です。

ミーティングで、なんとなくまとまった気がしたけれど、デスクに戻ってみたら、はて、それで自分は何をすればいいのかと思ったことはありませんか？

特にビジネスの場合、「次」につなげることが必須です。

たとえば、電話営業ならアポ確定へ、ポテンシャル顧客なら意思決定へ、新規事業の提案なら予算承認へ、社内なら各人がタスクを理解して率先して動くといったように「次」につなげる必要があります。

スピーチ／プレゼンが終わったあと、聞き手に取ってもらいたい「ネクストステップ」と考えてよいでしょう。

ネクストステップが明確になっているかどうかで、スピーチ／プレゼンの精度が変わってきます。

「明確なネクストステップ」として、その製品を買うようになってもらいたいのか、投資してもらいたいのか、モチベーションを上げてもらいたいのか。

相手にどうなってもらいたいか、書き出してみましょう。

ステップ2　メッセージを明確にする

聞き手のことがわかったところで、その相手に対して届けたいメッセージは何なのかをまとめていきましょう。

ワンビッグメッセージとして20字にまとめると、明確になります。

たとえば、「成功したければポジティブ思考をしよう」（18字）

「誰かのいらない食は、誰かにとっている食事」（19字）など。

ワンビッグメッセージを明確にして、それを伝えるためのストーリーを考えていきましょう。

ステップ3 適切な主人公とネタを選ぶ

ビジネスではほとんどの場合、目的がはっきりしています。

たとえば、「新商品を買ってもらいたい」「株主からの信頼を得たい」「企業イメージを向上させたい」といったことが挙げられるでしょう。

とはいえ、初めて会った相手から、いきなり、「イエス！（買います）」を引き出そうとするのはあまり現実的ではありません。通常は、数回のミーティングやプレゼンを経て、ようやくそのゴールにたどり着くのではないでしょうか。

毎回、「今日の目的は何なのか?」を考えてみましょう。

「今日のプレゼンでは、商品に興味を持ってもらって、次のミーティングにこぎつけたい」、あるいは「もう3回目のプレゼンなので、今日のプレゼンを決めて相手に意思決定してもらいたい」などです。

目指すゴールは同じ「新商品を買ってもらいたい」でも、プレゼンごとの「ミニゴール」は異なります。

このミニゴールを念頭に置いたうえで、それが一番実現できそうなストーリーのネタと主人公を選んでいきます。

たとえば、メインポイントが「新商品を買ってもらいたい」のならば、その新商品を使う人々の姿をストーリーとして描き、この商品によっていかにその人々の生活が向上したのかを伝えることになります。

もし、今日のミニゴールが「懐疑的な相手に興味を持たせる」ことであれば、このストーリーに出てくる主人公は最初懐疑的で、それが確信に変化していき、生活向上を実現した流れを見せてあげるストーリー作りになります。

もしミニゴールが、「なかなかたどり着けない意思決定者に今日のプレゼンでたどり着く！」ならば、ストーリーの主人公が、意思決定者にイエスと言わせるためのいくつかの条件を明確にクリアしていく流れのストーリーになります。

また「株主からの信頼」であるならば、あなたの会社が大変な苦境にあっても、まい進し続け信頼を勝ち得た事例をストーリーとして共有してみましょう。

「企業イメージ」であれば、あなたの会社が、社会やビジネスに日々貢献している姿をストーリーに乗せて具体的に表現してみるのです。

同じストーリーでも聞き手や目的が異なれば、組み立て方が変わってきます。これは第５章で詳しくお話しします。

ここではまず、聞き手視点とワンビッグメッセージを踏まえ、それを伝えるために最適なネタと主人公をまず選ぶ、ということを覚えておいてください。

ステップ4　エンディングを決める

ストーリーにはエンディングが必要です。

これだけのストーリーを語ってきたのに結論がなければ、いままでの話は何だったんだ、ということになりますよね。

前述のとおり、ビジネスプレゼンでは「これがあれば、めでたし、めでたし」で終わってはいけません。

相手を動かすためにプレゼンをしているのですから、ストーリーのエンディングには「明確な学び」があり、「明確なネクストステップ」が見えないといけません。

たとえば、「いま改革をしなければ、わが社の事業は10年後に失速します」（明確な学び）、「それを食い止めるために、いまできることは2つあります。テクノロジー改革と働き方改革です」（明確なネクストステップ）というような流れです。

「明確な学び」と「明確なネクストステップ」を提示すれば、相手が動きやすくなります。

ステップ5　第1幕〜第3幕を構成する

ステップ１からステップ４を踏まえて、第１幕から第３幕までを構成していきます。映画や小説であればプロット、あらすじと呼ばれるものです。まだ肉づけはしなくていいので、まずストーリーの骨組みだけを作ってみましょう。

3. ストーリーには「6つのC」を盛り込む

ここまでで、大まかに３幕構成については把握できたかと思います。

次にこの３幕のなかに入れ込みたい要素を盛り込んでいきましょう。この要素を入れていくだけで、誰でもストーリーテラーになれます。

マンガ家や小説家のような能力がなくても大丈夫。ちゃんとストーリーとして成立するようになります。

必ず入れてほしいのは、「6つのC」です。英語での頭文字では、すべてCなので、「6つのCの法則」として覚えてしまいましょう。

Character（登場人物）
Circumstance（状況設定、環境）
Conflict（困難、問題、障害、敵）
Cure（救済、解決）
Change（変化）
Carryout（収束、学び）

では、それぞれが何を指すのか、1つずつ学んでいきましょう。

Character（キャラクター）……ヒーローは誰か？

英語でキャラクターとは、登場人物を指します。
そして「ヒーロー」というのは「英雄」の意味に捉えられがちですが、映画や戯

ストーリーに必ず入れる「６つのＣ」

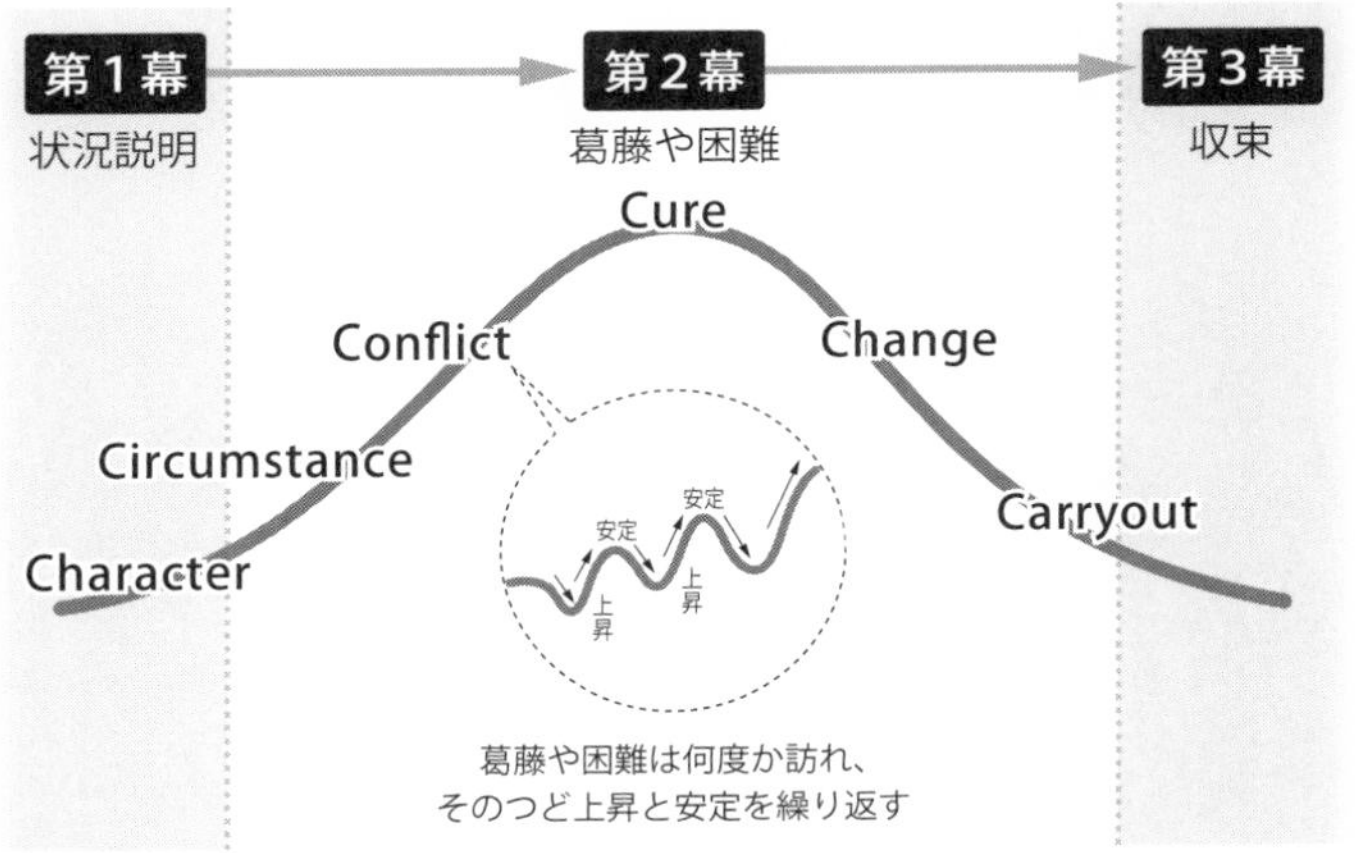

曲で言えば「主人公」「主要人物」の意味となります。つまり、ストーリーのなかで、目の前にはだかる障害を克服していく旅路の主人公が、「ヒーロー」です。

何も主人公は、スーパーヒーローでなくていいのです。

ちょっと思い出してみてください。たいていのハリウッド映画やマンガでも、主人公は最初からスーパーヒーローではありませんよね。

『スター・ウォーズ』のルーク・スカイウォーカーも、『スパイダーマン』のピーター・パーカーも最初は平凡な青年であり、困難に打ち勝っていくことで、だんだんとヒーローになっていくのです。

最初からスーパーヒーローの主人公はいません。

むしろ聞き手が自分に当てはめやすい、つまり似たような悩みを持っている、似たような状況にいる、そんな人が主人公であるほうが共感を呼びます。

あなたのビジネスストーリーの主人公は、自分かもしれないし、クライアントかもしれません。

主人公が「自分」あるいは「クライアント」と設定するとしたら、どう応用できるか考えてみましょう。

自分が主人公のケース

主人公が自分／自社／自分のチームであるというパターンです。

聞き手に自分のことをよく知ってもらい、信頼関係を築き、親和性を感じてもらうには、「自分」が主人公という設定が良いでしょう。

「聞き手が、何かにインスパイアされたい」

「聞き手が、自分自身が向上する何かを持ち帰りたい」

「この人＝あなたから学びたい」

「自分もそうなるためにこの商品／サービスを取り入れたいと思ってもらいたい」

こうしたケースであれば、自分が主人公になるパターンがぴったりです。

自分が主人公の場合は、自分がこの商品／サービス／プロセス／メソッド／ブランド／会社などに出会ってどう変わったのかをストーリーに乗せていくと効果的です。

たとえば、SHOWROOM 創始者の前田裕二氏のように、自分が弾き語りをして投げ銭をもらった経験から、サービスを打ち立てたといったストーリーが、これに当たります。

またジャック・マーの人生ストーリーなど、リーダーが理念を語る時なども、まさにこれとなります。

ただし自慢話にならないような配慮が必要です。

聞き手は、最初から何でもできるスーパーヒーローではなく、むしろ自分と変わらないふつうの人間が、苦労や困難を経てヒーローになっていく話のほうを聞きたいのです。

「4つのF」（84ページ）を、いま一度チェックしてみてください。

クライアントが主人公のケース

ケーススタディーとして出すのが、このパターンです。

自分が担当したクライアントが、アジアでの販路拡大に苦労していたが、わが社が提供するコンサルで問題解決して、業績を増やしたとか、あるいは「ストーリーの重要さ」を初めて知ったセミナー参加者が、ストーリーをプレゼンに組み込むようになって、リーダーとして抜擢《ばってき》されたといったようなケースです。

聞き手が、似たような課題や興味を抱えていたり、似たような目的やゴールを持っていたりする場合、クライアントが主人公だと良いストーリーとなります。

営業、ピッチングなどの時は、こちらのパターンを利用できます。

ビジネスプレゼンでは、

「この商品/サービスを使う前、この会社/ブランドと出会う前、どんな状況だったのか?」

「出会った時から成功に至るまでのプロセスはどんなものだったのか?」

「その後、どのように生活やビジネスが変化したのか?」

この3つの流れを考えてみて、誰をヒーローにすると、もっとも聞き手にとって訴求力のあるストーリーになるか選んでみてください。

Circumstance（サーカマスタンス）……状況設定

危機が起こる前の状況はどうだったのでしょうか。

ビジネスのストーリーであれば、

「この商品／サービス／ソリューション／メソッド／ブランド／会社と出会う前、どんな状況だったのか？」

と内省して、書き出していってみましょう。

ヒーロー以外の登場人物もいますか？　それは誰でしょうか？

Conflict（コンフリクト）……困難と解決探求の旅

ヒーローはどんな困難や敵に直面するのでしょうか。

アクション映画では、必ず強敵が出てきます。『００７』には、悪の組織スペクターが、『バットマン』にはジョーカーが欠かせませんよね。

現実のビジネスでは、映画のような敵がいるわけではないでしょう。

しかし、コンフリクトは必ずあります。

それは競合相手かもしれないし、開発における課題、反対意見を言う人、ハッカーやウイルスかもしれないし、資金繰り、市場の冷え込み、消費者の好みの変化といったことかもしれません。

主人公が直面する問題や課題、そしてそれをどう解決していくかが、ストーリーのもっとも重要なポイントとなります。

Cure ⬇ Change（キュア ⬇ チェンジ）……救済 ⬇ 変化の訪れ

キュアとは、解決に向かうきっかけとなる事柄や救世主的存在のことです。

それはアドバイスをくれたメンターかもしれないし、クライアントが発したあるひと言かもしれないし、たまたま出会った本の一節かもしれません。

困難のなかにあって「変わるきっかけ」がキュアです。

たとえば、ある製品を開発している時に、Aの方法を取ってもうまくいかない、Bの方法を取ってもうまくいかない、Cでも成功しない。

……ダメなのか、と思いあぐねていたところ、ある顧客がなにげなく言ったことばがヒント（キュア）になって、新しい工夫を取り入れて完成した、といったようなケースが考えられます。

キュアは「眠り姫」「白雪姫」などの古典的な童話では、「王子のキス」が定番になっています。そこで呪《のろ》いが解けて、チェンジが起こるわけです。

ところが、『アナと雪の女王』では、伝統的な王子さまのキスのパターンを打ち破り、姉妹の愛をキュアにしたのです。

そこが現代的で新しいコンセプトであり、多くの女性たちの共感を勝ち得た秘訣だと言えます。

また『スター・ウォーズ』を例に挙げると、ルークにとってコンフリクトである最大の敵が、ダース・ベイダーです。

クライマックスであるデス・スターへの攻撃で、味方は次々と撃墜されていきます。もはやあとがありません。その時、ルークの脳裏によぎったのが、

「フォースとともに」

という恩師オビ＝ワンの言葉。

フォースがキュアです。ルークは目を瞑《つむ》り、フォースの力によってみごとにミサイ

ルを命中させます。そして、デススターを破壊するというチェンジを起こして、レイア姫の率いる連合軍を勝利に導きます。

『マトリックス』では、最強の敵であるエージェント・スミスによって、ネオが射殺されてしまいます。

ここでネオを愛するトリニティが彼に語りかけることば（キュア）によって、ネオは蘇生《そせい》。いったん死んだことでよみがえり、自らが救世主として覚醒《かくせい》したネオは、仮想世界マトリックスで、スーパーヒーローになり（チェンジ）、エージェント・スミスを破るのです。

このように映画やエンタメでは、キュアが印象的でドラマチックなものになっています。

ビジネスシーンでのキュアは、主人公がクライアントの場合、自社が提供する商品やサービスとなるケースが多いかと思います。

また一方、主人公が自分自身／自社の場合は、「考えてみれば、あの時のご縁が」「あの時のひと言が」「あの時の決断が」といったものとなるかもしれません。

キュアにしっかりと据えることで、ストーリーは聞き手の心を揺さぶるものとして伝わるようになるのです。

Carryout（キャリーアウト）……解決、収束、学び

さまざまな変化の結果、どんないまがあるのか。どんな未来予想図が描けるのか。何を学んだのかの結論がキャリーアウトになります。

童話であれば、「それからいつまでも幸せに暮らしました」の部分です。

繰り返して強調しますが、ビジネスにおいては「めでたし、めでたし」には終わらず、そのあと聞き手に何をしてほしいのか、聞き手にとってのネクストステップが必ずあるはずです。

そのネクストステップに結びつけて、初めて「相手を動かすストーリー」ができ上がります。

「このサービスを使えば、現状では満足できなかった問題が、解決されます」

といったことかもしれませんし、

「ぜひ意思決定者の方に、つないでいただきたい」

あるいは、

「投資いただくことで、大きなリターンが見込めます」

といったように、ネクストステップにつながるメッセージを盛り込みましょう。

ここにこそ、ワンビッグメッセージを乗せてください。

サンプル1　ビジネスマンガ編

では、これまで説明したことを、実例を使っておさらいしてみましょう。

50ページでも登場した、サイボウズの働き方改革ストーリー「アリキリ」から、第1話「残業編」を取り上げてみます。

面白いストーリーを使ってブランディング戦略に生かしているとても良い例です。

第1幕　状況設定

株式会社アンツに勤務するアリの〝後藤さん〟（主人公）は、働き方改革の波のなかで、日々悶々《もんもん》としながら働いています。

対して、キリギリスの〝井上さん〟（キャラクター）は、自由気ままに生きてきましたが、ここへきてようやく働くことに目覚め、心機一転、先進的な働き方を学ぼうと、アリの〝後藤さん〟の会社を訪問します。

アリの後藤さんが、キリギリスの井上さんを地下鉄の駅に迎えに行き、会社に向かおうとすると……。

第2幕　困難⬇救済⬇変化

アンツ社に到着してみると、チョコチップクッキーが落ちてきて、会社の入り口がつぶされているのを目の前にする。**（コンフリクト）**

プレミアムフライデーで15時強制終了……だけど、チョコチップクッキーを崩せるまで残業しないと外にも出られない。**（さらなるコンフリクト）**

つまり、プレミアムフライデーと言われても、仕事量は減らないので、15時になったら会社を出てカフェに行って仕事を続けるという状況……。

クッキーにつぶされた会社を目の前に立ち尽くしながら、キリギリスに、プレミアムフライデーの過ごし方について質問される。そして、この質問がきっかけとなり、（キュア）働き方改革のシステムに悶々としていた霧が晴れる。

いまから変われと言ったってムリ！　とすっきり開き直ることができる。（チェンジ）

第3幕　収束

キリギリスのような、そのままの生き方のほうが幸せじゃないか、と悟る。（キャリーアウト）

このシリーズの「明確な目的」は、「既存の働き方改革に疑問を持ってもらいたい」というような意識改革的位置づけで、「明確なネクストステップ」は提示されていません。

けれども、面白いストーリーだから惹き込まれて、第2話、第3話と見たくなってしまう。そして、見続けているうちに違う働き方があるんだというメッセージを受け取り、さらに知らず知らずのうちにこの企業のファンになる、と言えます。

つまり、誰でも興味を惹かれるストーリー仕立てで、このようにメッセージを伝えていることで、サイボウズ社のブランド戦略につながっているのです。

サンプル２　ビジネスプレゼン……自分が主人公編

こちらはパッケージデザイン会社Ｓ社の斎藤さんが、社外コンペでプレゼンした事例です。
これは「自分が主人公」のパターンです。

第１幕　状況設定
先日、ある食品のパッケージデザインについて、ユーザーの生の声を集めるため、フォーカスグループインタビューを行いました。
できるだけ幅広いユーザー層をつかむため、老若男女問わず、身体に障害を持つ方々も含めて幅広い層の方々に集まっていただきました。

第２幕　困難⬇救済⬇変化
その時、パーキンソン病を患う高橋さんは、こう言ったのです。
「人に手伝ってもらわないといけないことで、迷惑をかけてしまうことがつらいと感じてしまう」

高橋さんは、数年前からパーキンソン病を患っている57歳の男性です。まだ軽度ではあるものの、時折手が震えてしまい、パッケージの蓋が硬いと開けられずに落としてしまい、誰かに拾ってもらわないといけない。飲料などは、手が震えてこぼしてしまう。申し訳ない……。

また、生まれながらに視覚障害を持つ29歳の女性、川野さんは色が識別できません。でも、色の濃淡はわかる。アイシャドーのセットを買っても、それぞれ色がどんな色なのかわからないので、なかなか思い切ってお化粧ができない……。

こんな生の声を聴いて、健常者の当たり前を想定したパッケージデザインが、多くの方々の気持ちをつらくしているという状況に気づき、「幸せなデザインとは何だろう?」と自分に問いかけ始めました。

しかし、障害を持ってみないとわからない不便さもたくさんある。自分の頭で思いつく、いろいろな「カタチ」から入ってみてもうまくいかない。

どんなデザインなら、すべての人たちが分け隔てなく幸せになってもらえるのか、どうしたらデザインに新しい価値を付加できるのか。

考えても、考えてもなかなか答えが出ませんでした。**（コンフリクト）**

そこで、高橋さんと川野さんを再度訪ねたのです。そして一緒に1日を過ごしてみたのです。

高橋さんと川野さんはそれぞれ独自の工夫をしていました。たとえば、高橋さんは、飲み物を飲む時、逆さまにしても漏れない乳幼児用の飲料ボトルに移し替えて飲んでいたのです。

一方、川野さんは、仕切りのついたトレイを用意し、１つの仕切りには同系色で、色の薄いものと濃いものを1つずつセットで入れていて、アイメイクを工夫していました。**（高橋さんと川野さんがキュア）**

2人と1日を過ごしてみたことで、うれしい驚きがありました。

食品だけでなく、生活全体から幸せなデザインを考えられるような視点が持てるようになったのです。**（チェンジ）**

視野を広げると、新しい価値が見つかるということに気づくと、「食品」の枠にとらわれず、環境問題などにも目を向けて、新しいユニバーサルデザインが思いつくようになっていきました。

第3幕　収束

新しく開発した食品パッケージのプロトタイプを高橋さんと川野さんに見せると、「わあ、使いやすい！」と満面の笑みで驚き、喜んでくれました。

デザインとは、人に幸せな驚きを与えること。**（キャリーアウト）**

ぜひS社にデザインを任せていただき、あなたの会社も人に幸せな驚きを与えていただきたいと願っています。**（ネクストステップ）**

サンプル3　ビジネスプレゼン……クライアントが主人公編

最後に、クライアントを主人公にしたパターンです。

アスパイアコンサルティング社の山口さんは、業務改善のスペシャリスト。新規プロジェクト獲得のために、3年前に行った電子部品メーカーA社の業務改善プロジェクトの事例を挙げて、ポテンシャル顧客へプレゼンしました。

そのビジネスプレゼンでのストーリーです。

第1幕　状況設定

中堅どころのグローバル企業である電子部品メーカーA社。近年利益率が落ちており、業務改善の見直しを図ることで、利益率向上を目指しています。

A社のプロジェクト担当である信元さん（**主人公**）は、管理本部長の坂本さんから、「短期間かつ低投資額で、利益率の改善法を見いだしてほしい」という難題が与えられました。

第2幕　困難⬇救済⬇変化

そこで信元さんがプロジェクトチームを組み、調査をしていくと、「ITシステムの老朽化」が大きなボトルネックになっているとわかりました。

本気で業務改善をしたいならばこれしかない、と本部長に提言するも、ITシステムを刷新するためには、中期的に大きな投資が必要。坂本本部長からは「短期間かつ低投資額」を念押しされたあげく、「君1人ではダメだな。業務改善コンサルタントと3カ月限定で契約する。延長はしない。成果が出なければ年度末評価に影響するよ」と、さらなるプレッシャーをかけられたのです。（コンフリクト）

そこで弊社が信元さん率いるプロジェクトチームとともに、A社の受発注から納期管理、船積書類作成までの業務プロセスを1つひとつ分析していくと、「ITシステムの老朽化」以外にも、「各プロセスの属人化」「顧客サイズと提供サービス内容の不一致」「社内部門間での連携不足による重複作業」というさまざまな課題が浮かび上がりました。なかでも、「各プロセスの属人化」による業務非効率のために、利益損失の原因となっていることがわかりました。

そこでまず、「定型業務の自動化」に着目すべき、と提案したのです。（キュア）

信元さんは、これまで当たり前だと思っていた作業プロセスに、実は問題があったことに気づき、既存システムの活用徹底と機能強化を行いながら、そこに業務支援ソフトを載せることで、定型業務を自動化することができたのです。（チェンジ）

第3幕　収束

その結果、信元さんも坂本本部長の指示どおり、「短期間かつ低投資額」で、翌期利益率改善という目標を達成することができました。

信元さんからは、「ここが問題だと思っていたのとは違うところに、真の問題があったことに気づかされました。コンサルが入らなければ、解決の糸口は見つからなかったどころか、逆に無駄な投資をしていたかもしれません」と喜びの言葉をいただきました。**（学び）**

身内だと逆に、真の問題を見落としがちなことが多々あります。われわれは業務改善に関する問題解決のプロですから、クライアントに寄り添った的確な解決法を導き出します。ぜひ弊社にご相談ください。**（ネクストステップ）**

さて、いかがでしょうか。

ビジネスシーンにおけるストーリーの骨子がつかめたかと思います。

１４０、１４１ページのワークシートで、実際にストーリー作りに取りかかってみましょう。

Step4 エンディング

Step5 3幕構成

第1幕

Character（登場人物）			
Circumstance（状況設定、環境）			

第2幕

Conflict（困難、問題、障害、敵）	1つ目のコンフリクト（上昇）	（安定）
	2つ目のコンフリクト（上昇）	（安定）
	3つ目のコンフリクト（上昇）	（安定）
Cure（救済、解決）		
Change（変化）		

第3幕

Carryout（収束、学び）	

ストーリー作成 ワークシート

Step1 聞き手視点

質問①　聞き手は誰か？
どんな課題・問題があるか？　それに対しどんな意識・興味があるか？

質問②　聞き手へのベネフィットは何か？
どんなペインポイントが解決されるのか？　未来予想図は？

質問③　なぜあなたが聞き手に話すのか？
自分にしかないユニークさは何か？

質問④　聞き手にどうなってもらいたいのか？
このスピーチ・プレゼンのあと、聞き手に期待することは何か？

Step2 ワンビッグメッセージ

このストーリーをとおし、聞き手にもっとも持ち帰ってもらいたいメッセージを１つに絞り込む

				5					10					15					20

Step3 ストーリー概略

主人公：

ストーリーのトピック：

①明確なゴール：

②明確な学び：

③明確なネクストステップ：

第4章

人を動かす
上級ストーリーテクニック

第3章では、「3幕構成法」と「6つのC」でストーリーのプロットを作り上げるコツをマスターしていただきました。

この章では、さらにいかにして聞き手を「動かすか」というテクニックを手に入れていただきます。

リーダーであれば、聞き手を動かしたいもの。そのためにはこうしたテクニックをストーリーに導入していくと、テコのように動かす力がグッと増します。

聞き手の予想を裏切る

予想や期待を、良い意味で裏切るのは、聞き手の関心を引くテクニックです。

予想を反した展開に驚き、心が揺さぶられると、人はグッと興味を惹かれるもの。

ビジネスプレゼンなら、たとえばこんなふうに使えるでしょう。

「リーダーに必要な条件で一番大切なことは何でしょうか？　カリスマ性？　コミュニケーション力？　洞察力？　マネジメント知識？　情熱？　実はどれも違います」

おそらく聞いている人は、「どれか1つではなくその全部です」というような流れを期待していることでしょう。

ですが、その予測に反して、「どれも違う」と言われたら、「じゃあ、いったい何だろう？」と、興味をグッと惹かれませんか？

次に挙げるのは、私自身が「異文化コミュニケーション」というテーマでスピーチをした時の冒頭サンプルです。

私自身は戦略コンサルタントですが、競技会に出場するボールルームダンサーでもあります。そのギャップを利用して、こんなオープニングで始めてみました。

I'm a strategy consultant, but also a ballroom Latin dancer.
(私は戦略コンサルタントですが、ボールルームのラテンダンサーでもあります)
Have you ever seen Dancing with the Stars? Like Chacha, Samba, Rumba...

（「ダンシング・ウィズ・スターズ」〈注：アメリカの人気番組〉をご覧になったことがありますか？　チャチャとかサンバとかルンバとか）

The 3A's I developed was inspired by my experience as a dancer.

（この「３Ａ」は私のダンサーとしての経験から啓発されて、開発した手法です）

Latin dancing is a very interactive partnership dance.

（ラテンダンスはとてもインターアクティブなパートナーダンスで）

We move together as a team on a spur of the moment.

（チームとしてその場の弾みでともに動きます）

But we don't talk to each other during the dance, like "I'm gonna turn you now."

"Oh no, I'm stepping back!"

（しかし、ダンサーはダンスの間は「きみをいまから回転させるからね」とか、「えっ、後ろに行くところなのに」とか互いに話したりはしません）

How do dancers communicate then?

（では、どうやってダンサーは互いにコミュニケートするのでしょう？）

The 3A's.

(それが「3つのA」です)

First, ACKNOWLEDGE our connection.

(1つ目に、関係を認識すること)

Second, ANALYZE non-verbal cues.

(2番目に、言語によらない合図を分析すること)

Third, ADAPT our movements.

(3番目に、動きを順応させること)

It could be just one breath.

(〈ここで小さなダンスの動きをします〉それは、ひと呼吸かもしれないし)

It could be in your hips.

(〈さらにセリフにあった小さめなダンスの動きをします〉腰の動きかもしれないし)

It could be a slight flick.

(〈ここも少し大きめなダンスの動きをします〉わずかな捻《ひね》りかもしれないし)

Or it could be a release.

(〈大きいダンスの動きで締めます〉つながっていた手をパッと離すことかもしれま

せん)

Acknowledge, Analyze, Adapt.

(認識、分析、順応)

With these 3A's.

We can effectively communicate what we want to do and where we want to go next.

(この「3つのA」で、私たちは何をしたいか、次にどこに行きたいかを、効果的にコミュニケートできるのです)

Effective cross-cultural communication goes the same way....

(効果的な異文化コミュニケーションも同様です……)

このように意外性のあるギャップを強調することで、聞き手の予想をうまく裏切り、興味を引くのに効果的です。

聞き手の「ペインポイント」を探し当てる

聞き手に刺さるストーリー作りには、「ペインポイント（Pain point）」がどこにあるのか探るのが重要です。

ペインポイントとは、文字どおり「痛みポイント」のことで、聞き手が持っている問題／課題です。

特にビジネスにおいては、ペインポイントがどこにあるかを探り当てることで、聞き手へのメッセージの刺さり具合が変わってきます。

ビジネスプレゼンの場合、相手は現状と理想のギャップに課題を感じているはずです。だからこそ、その課題の解決方法を求めてあなたのプレゼンを聞こうとしています。なかなか解決できなかった課題の中核となっているのが、まさにペインポイントです。

難題であればあるほど痛みが強い。その痛みポイントは、どこにあるのでしょうか？

それを解決してあげられる提案ができれば、聞き手は必ず興味を惹かれます。

たとえば、「これまで10種類以上のダイエットを試みたが、どれもリバウンドしてしまってダメ。効果があってかつリバウンドしないダイエットはないのか?」といった課題がペインポイントとなります。

それがペインポイントだとしたら、こんなふうに使えるでしょう。


「これまでダイエットしてきたが、どれもリバウンドしてしまってダメだった方はいますか?

ああ、ほとんどの方が当てはまるようですね。

糖質制限が一番効果的だと考えている方はどのくらいいますか?

ああ、かなりの手が挙がりましたね。

ところが……実は違うんです」


あるいは私自身のケースで言えば、こんなふうに使えます。

「アメリカ人をビジネスで説得するのに、どのくらいの英語力が必要だと思いますか？　中学程度？　高校生？　あるいは大学生？　大学院生？

どれも違います。私自身の語彙《ごい》力は、ネイティブで言えば、8歳程度。

なんと8歳程度の語彙力でも、ネイティブのアメリカ人に勝って、スピーチコンテストのニューヨーク地区大会で優勝できるのです」


あるいは、こんなふうにビジネスで応用することもできるでしょう。


「働き方をフレキシブルにして、本人に合った働き方をさせてやりたい。

それはそうでしょう。でも、ふつう業績が落ち込みますよね。

企業としての業績が落ちたら、元も子もない。

ところが違うんです。わが社では、フレックスタイム制を取り入れてから、業績がアップしたんです。

その秘密は何だと思いますか？」

聞き手のペインポイントがわかれば、より相手にグサッと刺さるストーリーのもっていき方ができるわけです。

あなたの聞き手のペインポイントは何でしょうか。

それをもとに、次にコントラストを活用していきましょう。

感情的コントラストを使って心を揺らす

聞き手の心を動かすテクニックに、「コントラスト」は欠かせません。

コントラストとは、対比とか明暗の差を表すことばですが、著しく違うものが並んでいると、いっそう印象が強くなるものです。

スピーチ／プレゼンにおけるコントラストの種類は、以下の3つに分類できます。

感情的（エモーショナル）コントラスト

構造的（ストラクチャル）コントラスト

物理的（フィジカル）コントラスト

感情的（エモーショナル）コントラストというのは、心理的な山と谷を戦略的に引き起こすことです。

ドキドキ、ハラハラすると、そのあとに登場する解決方法に納得しやすくなります。

あるいは、予想外の展開やオチを持ってくる手もあるでしょう。

はたまた思いっきり笑わせたあとで、真剣モードで核心を突いたメッセージを語るなど、ストーリー内で実現することが可能です。

次に構造的（ストラクチャル）コントラストとは、構成での対比のこと。

パワーポイントや映像を使うというのも、1つの構造的コントラストの手法と言えます。

また、スピーチ／プレゼンの構成で、明確なオープニング、メッセージ、ストーリーを戦略的に組み立てていくことで、スピーチ全体が長たらしいひと固まりではなく、わかりやすくセグメントされて印象に残りやすくなります。

そして、物理的（フィジカル）コントラストとは、文字どおり物理的に起こす対比のことです。

声の強弱、緩急、体の動きをつける部分とじっとしている部分、表情の差など、デリバリー（話し方）面でのコントラストで、ストーリーをより豊かに、パフォーマンス性を高くするといった方法があります。

では、1つずつのコントラストをどう活用するか、学んでいきましょう。

「モールエスカレーター方式」でサスペンスを盛り上げる

感情的コントラストその①として、「モールエスカレーター方式」でハラハラさせるテクニックがあります。

第3章で説明したとおり、第2幕のコンフリクトが、ほとんどの映画や小説で一番観客を惹き込む部分です。

ある問題が起きて、そのコンフリクトが解決しそうになるが、また次のコンフリクトに直面する……。

というように、何段階かにわたって困難が降りかかってくる流れだと、いっそうドキドキ、ハラハラします。

ヒーローはあの手この手で解決に向かうことになります。

アクション映画の金字塔である『ターミネーター』では、ヒロインのサラ・コナーがターミネーターを倒して、観客がホッとしたところで、なんとターミネーターが立ち上がるという究極のサスペンスを作り上げ、これ以降の映画作りにおけるクライマックスの手法を変えたほどでした。

このサスペンスを盛り上げる方法は、まさに「モールエスカレーター方式」とたとえられます。

ふつうのデパートのエスカレーターは、ある階から次の階へと上昇下降するだけですが、ショッピングモールのエスカレーターだと、1階上がると、その階の店舗に導くようになっていて、1階上がる、しばらく歩き回る、また1階上がるという形に設計されています。

これが、もしまったく上昇のない話し方、たとえば、空港にあるような平面を移動していく「動く歩道方式」であれば、聞き手は飽きていきます。

ビジネスのスピーチ／プレゼンで言えば、

「わが社は、１９７５年に電子機器の会社として創業いたしまして、××××年には何々を売り出し、××××年には何を発表しました」

と金太郎飴のように事実を重ねていっても、聞いていて飽きてしまいます。

また反対に、一気に昇ってしまう「エレベーター方式」であれば、あまりに簡単に結論に導かれてしまって、サスペンスが作れません。

「１９７５年に創業して、技術開発で大成功して今日に至る、以上」

といった話であれば、聞いているほうの印象には残りません。


たとえ「息もつかせぬアクション映画」であっても、アクションシーンが延々と続くわけではなく、実は緩急を取り入れているものです。

たとえば『００７』では、必ずボンド・ガールが出てきてセクシーなシーンがあったり、あるいは秘密情報部のQがボンドに新兵器やガジェット（道具）を見せるシーンがあったりするものです。

あれがなければ、アクションばかりになってさらに面白いのではないかというと、そうではありません。緩急がついているから、次にくるアクションシーンがより鮮明になるのです。

同じ調子でアクションが続いていたら、観客の感覚が麻痺《まひ》して、むしろ飽きてしまうでしょう。

たとえば、2020年アカデミー賞候補となった『1917 命をかけた伝令』のプロットを見ていきましょう。

舞台は1917年、第1次世界大戦のまっただなか。

2人の若いイギリス人兵士は、進撃中のイギリス軍連隊に「攻撃中止」を伝えることを命令され、伝令として旅立ちます。ドイツ軍が後退していたのは、罠《わな》だとわかったからです。

2人を阻むのは、敵のドイツ軍に撃たれるかもしれないというコンフリクト。

そして、時間に間に合わなければイギリス軍1600名を無駄死にさせてしまうというコンフリクトです。

その2つのコンフリクトをいかにクリアしていくかで、観客をハラハラさせます。緊張しながら前線に進むと、すでにドイツ軍は撤退しています。空になった地下壕《ごう》のなかを歩いていくと、地雷が爆発する。命からがらに逃げる。

誰もいない農場につくと、フランスの田園地方の美しい光景が広がる。そこに撃墜された飛行機が目の前に落ちてくる……。

といったように、絶体絶命のシチュエーションと、とりあえずはホッとできる緩衝シーンが交互に現れます。

最後の最後まで、緊張と緩和、緊張と緩和が続くのです。

ビジネスにおけるストーリー作りでも、このようにコンフリクトでサスペンスが高まるシーンと、平坦《へいたん》でホッとするシーンを交互に出していくと、より聞き手の心を揺さぶることができます。

たとえば、あなたの会社がソフトウエアを開発起業して、事業を伸ばしていくという第1幕があるとします。

ところが「離職率が28％にまで上昇」という危機が訪れる。**（上昇）**
そこで「どういう働き方をしたいのか」と社員に尋ねていくことにした。**（安定）**
すると、「週に3日だけ働きたい」というリクエストが出てきた。**（上昇）**
それを情報シェアしてリモートワークも可能にした。**（安定）**
さらに「副業がしたい」というリクエストがきた。**（上昇）**
そこでも対応していき、次々と働き方をフレキシブルにしていった。すると離職率が下がっていった。**（安定）**
さらに社長自身が育児休暇を取って、毎日16時に退社というコンフリクトが発生。いままでの半分の勤務時間では、業務がまかなえない。**（上昇）**
グループシェアのソフトウエアを活用すること。いままでは社長だけが知っていた情報も全体で共有。すべての情報を透明にして、働き方革命ができた。
働き方革命をするには、情報のシェアをするのが大事であり、「グループシェアソフトで働き方革命ができる」というワンビッグメッセージへ。

あるいは、こういうストーリーも考えられます。

あなたの会社が開発したコンニャク粉を配合した低糖質のパスタ。お客さまにも評判上々で、手応えがあるという第1幕があります。

ところが大手の食品会社が、その商品をマネて、類似商品を販売。**（上昇）**

それでもわが社の味は、他社にはマネできないものと、地道な草の根営業でお得意さんを作る。**（安定）**

しかし大手企業は、その販売力にモノを言わせて、全国展開に。**（上昇）**

もうダメかと思ったけれども、特許を申請していたことで、からくも大手企業が撤退。

中小企業にとっては、特許申請が大事であると学ぶ。

モールエスカレーター方式の上昇と安定を交互に持ってくることで、よりドキドキ、ハラハラを増したストーリーが作れるわけです。

「夢見型」と「脅迫型」を交互に出して揺さぶりをかける

感情的コントラストのテクニックその②が、「シルバースプーン」と「バーバルナイフ」です。

シルバースプーンとは銀の匙《さじ》のこと。アメリカでは「シルバースプーンを咥《くわ》えて生まれてきた」と言えば、富裕な家に生まれた意味となりますが、すなわち銀の匙で与えるように、甘いことばで聞き手に甘い夢を見させる方法です。

たとえば、「このダイエットピルなら、つらい思いいっさいなし、1週間でらくらく3キロ減量！」といった宣伝文句が該当します。

一方、バーバルナイフとは、ことばのナイフ。ぐさり、とナイフで刺すように聞き手を脅す手法です。

たとえば、「砂糖の摂取が、体を酸化させて、エイジングを早めます！」といったような脅し文句のことです。

あなたもほとんどの週刊誌の見出しが、この2つのうちのどちらかであると気づくはずです。

「成功する人がしている5つの習慣」（夢見型）

「このままでは日本は財政破綻《はたん》する、破滅への悪夢のシナリオ」（脅迫型）

といったように、聞き手を煽《あお》るテクニックであるわけです。

実際にコントラストを巧みに使ったサンプルとして、シスコ前社長のチェンバース氏のスピーチを引用してみましょう。

「ともに協力し合えば、ネットワークの力で世界を、そして、すべてのビジネスをいまの5倍～10倍変えることができる。そのためにはビジョンが大切だ。**（夢見型シナリオ）**

どうやってそんな世界を作るのか。テクノロジーはもっとも簡単な部分にすぎない。今日お話しすることは3つの重要な変化、①組織の変革、②プロセスの変革、③文化の変革である。

現在、多くの会社は失敗する。10年後に生き残っている会社は現在の40％でしかない。なぜある会社は成功し、ある会社は失敗するのか？　それは変化しないからだ。**（脅迫型シナリオ）**

大胆に変革することが成功の秘訣だ。変わることは勇気がいること。しかし、変わることで好転的加速を遂げることができる」（夢見型シナリオ）

これをいま話題のリモートワークに応用すると、こんなふうに使えます。

「このリモートワークができるシステムを取り入れることで、往復2時間の通勤時間が削減され、社員の健康を向上させ、通勤費を軽減します。（夢見型シナリオ）一般的に言えば、リモートワークをするだけでは、志気の低下、作業の散逸といった問題も起こりかねません。（脅迫型シナリオ）しかし、このシステムを導入することで、より集約的で、効率的な働き方に導けるのです」（夢見型シナリオ）

あるいは、こんなストーリーもあり得ます。

「薄毛の原因は、母親の父親である祖父が薄毛の場合、その遺伝子を受け継いでいる可能性があるということです。（脅迫型シナリオ）とはいえ、髪が薄くなるのは遺伝だけのせいではありません。このノブモト式養毛システムなら、それ以外の要因に有効であり、薄毛になるのが運命だとは言わせない

のです！（夢見型シナリオ）

あなたは自分には動かせない遺伝子のために、禿頭《とくとう》を受け入れますか？（脅迫型シナリオ）

それとも、確実に成果を出すノブモト式養毛剤を試してみますか？」（夢見型シナリオ）

シルバースプーンとバーバルナイフを交互に置くことによって、より相手にグッと刺さるストーリーを作ることができます。

ぜひ取り入れてみましょう。

「3段落ち」で感情を緩める

感情的コントラストのテクニックその③が、「**3段落ち**」です。

お笑いの世界で言うと、「フリ、フリ、オチ」

コメディアンなどが使う手法で、類似の言葉／リアクション／行動を2回繰り返したあと、3回目であえて別のことをすることで笑いを取る手法のことです。

1つ目はこれ、2つ目はこれ、とパターンを作ると、人は3つ目もそのパターンでくるかと思いきや、そこで期待を外すことで、緊張と緩和の落差が出て、笑いが起きやすいのです。

たとえば狩野英孝氏の有名な1発ギャグ、「ラーメン、つけ麺、僕イケメン」

これが3段落ちです。

あるいは、息子が「I pad」、娘が「I pod」そして父親が「I paid」（オレが払った）と言ったら、みごとな3段落ちですね。


これをビジネスシーンで応用すると、こんな感じで使えるでしょう。


「何か問題が起こった時、営業は生産を責めるでしょう。

生産はエンジニアを責めるでしょう。

エンジニアは話せるようになったら、誰かを責めるでしょうね」

エンジニアは話し下手が多いという前提のジョークとなります。

プレゼンは情報のエンターテインメントです。

聞き手は、喜怒哀楽の様々な感情を呼び起こされることで、心が惹かれます。このように感情のギャップを際立たせることで、エモーショナルコントラストを使うと、相手を動かしやすくなるのです。

構造的コントラストには「9段階構造」を使う

一般的に言うと、スピーチの構成はオープニング（導入）、ボディ（本論）、そしてクロージング（締め）という3つが基本とよく言われていますが、実はこれだけでは不十分です。

相手の頭と心を動かすためには、情報を戦略的に細かく仕込んでいかなくてはなりませんが、そのすべての情報が「点」ではなく「線」として流れるようにつながっていなくてはなりません。

構成を「9段階」に作り上げることで、聞き手の心と頭を動かすスピーチ／プレゼンに仕上げましょう。

まず9段階構造の流れを表すと、次のようになります。図解もご覧ください（169ページ参照）。

①オープニング
②第1のポイントへの移行
③第1のメインポイント
④第2のポイントへの移行
⑤第2のメインポイント
⑥第3のポイントへの移行
⑦第3のメインポイント
⑧終わりへの移行（シグナル、Q&A、クロージングへの移行）
⑨クロージング

この9段階構造のポイントは、「すべてはワンビッグメッセージに向かっている」ということです。

まずオープニングでも、ワンビッグメッセージを示唆するように聞き手の興味を引き出し、本論でメインポイントを述べていきます。

メインポイントというのは、「ワンビッグメッセージ」を支える根拠のことです。

メインポイントは3つあるとわかりやすく、かつ説得力が出てきます。

たとえば、あなたのワンビッグメッセージが「腸活が健康寿命のためには大切だ」(15字)だとしましょう。

それを支える根拠として、次のようなメインポイントが考えられるかもしれませんね。

「よいバランスの腸内フローラが成人病を防ぐ」
「腸内の短鎖脂肪酸が免疫力をアップさせる」
「脳と腸は迷走神経でつながり、脳の健康にも係わる」
だから「腸活が大事だ」というメッセージに結びつくわけです。

戦略的なストーリ作り「9段階構造」

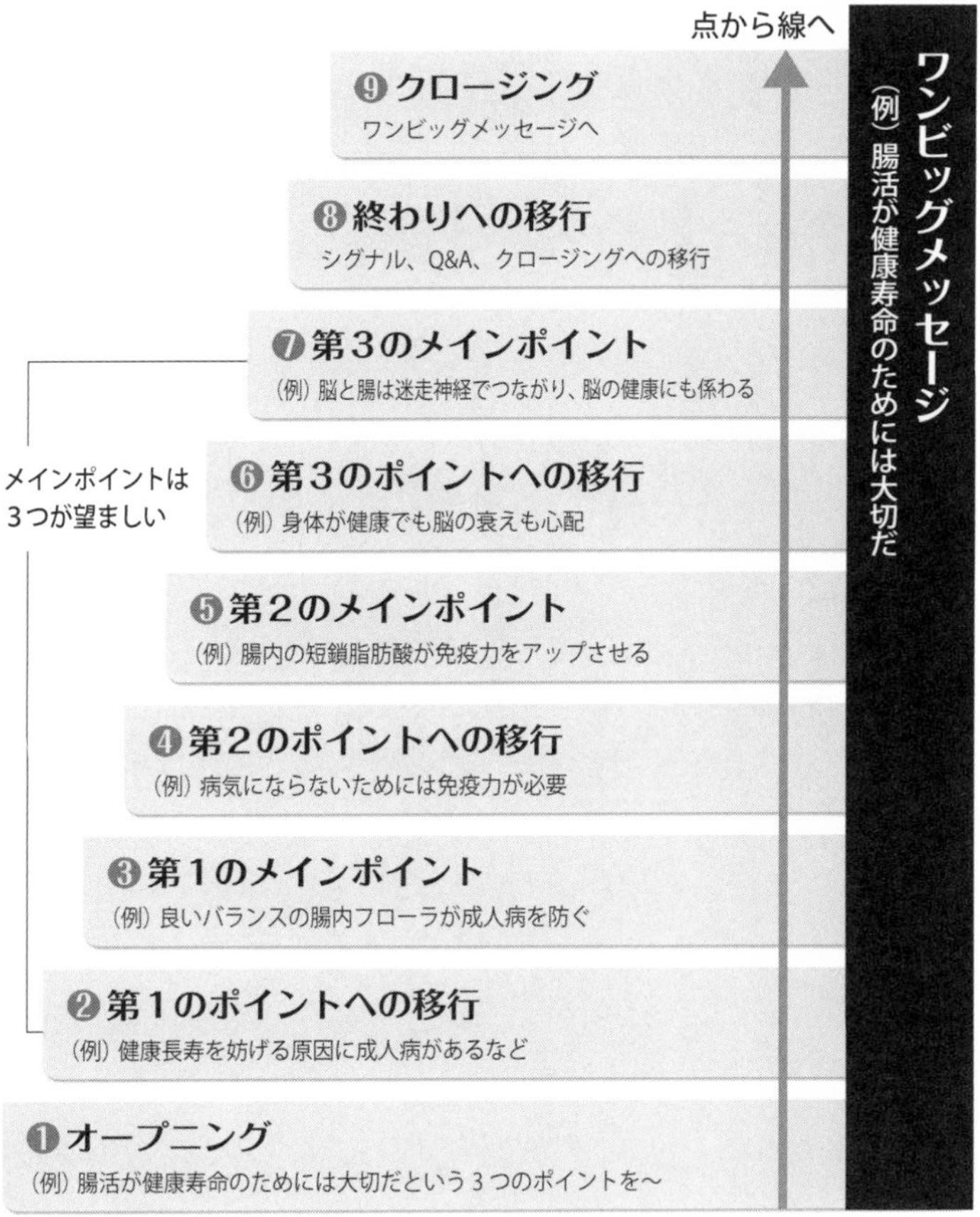
点から線へ
ワンビッグメッセージ
(例) 腸活が健康寿命のためには大切だ
❾クロージング
ワンビッグメッセージへ
❽終わりへの移行
シグナル、Q&A、クロージングへの移行
❼第3のメインポイント
(例) 脳と腸は迷走神経でつながり、脳の健康にも係わる
❻第3のポイントへの移行
(例) 身体が健康でも脳の衰えも心配
❺第2のメインポイント
(例) 腸内の短鎖脂肪酸が免疫力をアップさせる
❹第2のポイントへの移行
(例) 病気にならないためには免疫力が必要
❸第1のメインポイント
(例) 良いバランスの腸内フローラが成人病を防ぐ
❷第1のポイントへの移行
(例) 健康長寿を妨げる原因に成人病があるなど
❶オープニング
(例) 腸活が健康寿命のためには大切だという3つのポイントを〜
メインポイントは
3つが望ましい

※各メインポイントには、第3章で述べたようなストーリーを盛り込み、聞き手の心を惹きつけることも忘れずに。

本論ではメインポイントを3つ述べて、それから再度、ワンビッグメッセージを強調するクロージングで締めるという流れになります。

ここで留意したいのが、**「移行」**です。3つのポイントを述べる前に、それぞれ「移行」がありますよね？

なぜ「移行」が必要かと言えば、ポイントを語るだけのプレゼンだと、情報が「点」として並んでいるだけで、つながっていない印象になってしまうからです。

例として、「ネットショップR市場から撤退すべき」というワンビッグメッセージを伝えたいとしましょう。

そして、それを支える3つの根拠（メインポイント）の1つ目には、

「事業の集中と選択が必要な時期にきている」

というメインポイントを掲げると仮定します。

オープニングから第1のポイントまでの流れを、次の2つのバージョンで比べてみてください。

バージョン1

オープニング：わが社がR市場から撤退すべき理由を3つ説明したいと思います。

第1のポイント：まず1つ目は、事業の集中と選択が求められる時期が到来しているからです。

バージョン2

オープニング：わが社はこれまでR市場というネットショップのプラットフォームを通し、たった3年間で売上を10倍に伸ばすことができました。

移行：R市場は、小規模事業として始めた3年前は最適のビジネスモデルでしたが、売上高の内訳を見ると、「各種わけあり品」が多く占めるようになっており、その割合はこの3年間で、1割から5割に急増しています。認知度も広がってきた今、事業の見直しを行う時期に差しかかっていると言えます。

第1のポイント：そこで、ローエンドの商品ではなく、ハイエンドの主力商品にフォーカスした事業の集中と選択を行うため、R市場からの撤退を提案します。

さて、2つのバージョンを比べてみて、いかがですか。

バージョン1では、たしかに述べていることは正しくても、味もそっけもなく、この調子で全編続けられたら、聴衆は確実に飽きてしまうし、眠ってしまうかもしれませんね。

なぜかと言うと、情報をそのまま点として並べただけだからです。

たとえて言うなら、懐石料理を頼んだら最初から最後までお刺身が出てきたというような感じでしょうか。お刺身じたいはおいしいとしても、そればかりではワクワク感に欠けてしまいます。懐石料理も、お椀《わん》や八寸などが入ることで、さらにコース全体としての楽しみが上がるわけです。

このように、移行を入れることで点が線としてつながり、興味が最後まで持続します。合間につなぎが入るからこそ興味が持続するわけです。

バージョン2では、つなぎとなる移行を入れています。

オープニングで聞き手の関心を惹いたあと、メインポイントを語る前に、その背景を「移行」として語っています。

そのために聞き手としては、「売上が伸びていてまだまだ成長できるはずなのに、撤退すべきというのは、こんな背景があるのだな」と自然に流れについていけます。

こうして９段階構造を使うことで、ストーリーに構造的コントラストが生かされるのです。

物理的コントラストを生かす

最後に、物理的コントラストのテクニック③の「デリバリー（話し方）」のコントラストです。

これはスピーチ／プレゼンをする際の、声の強弱、高低、緩急、さらには、ボディーランゲージを大きく使うところと小さく使うところ、あるいは舞台上を大きく左右に動くところと静止するところなど、物理的なコントラストをつけることで、観客の視覚や聴覚を飽きさせないテクニックです。

さらに、目に見えない舞台セットがあたかもそこにあるように、物理的なコントラストで「場」を使うことで、ストーリーが手に取るように感じられるような効果もあります。

たとえば、「過去」「今」「未来」について話すならステージの位置を利用してみましょう。

下手／客席から見て左を「過去」
中央／客席から見て中央を「今」
上手／客席から見て右を「未来」

そう設定して「昔、わが社の取り組みはこうでした」と言いながら下手から始めて、「現在、こう取り組んでいます」と中央に移動して説明。

「未来に向かっていきましょう」

と客席から見て、左から右に向かっていくと、未来に感じさせて効果的です。

そして、何よりも聞き手にどんな気持ちになってもらいたいのか、その意図を込めて話すことです。

せっかくワンビッグメッセージを聞き手の心に焼きつけるために語ったストーリーでも、意図したとおりに伝わらなければ、元も子もありません。

すべての聞き手に、意図したとおりに伝えるためには、まず声に出して原稿を読みながら、いろいろな言い方を試してみることです。

そのストーリーをとおして、さらにはそのストーリーのなかの１段落、１文をとおして、聞き手にどんな感情を持ってもらいたいのか。各文章の「意図」を明確にしていくというプロセスが欠かせません。

「私は彼女を愛していると言った」

という文章であれば、それはどんな場面で、誰に対して、どんな「意図」で言っているのでしょうか。

彼女の親友があなたのところに来て、「彼女はあなたに愛されていないと嘆《なげ》いていた」と責められたとしましょう。

それに対して、あなたは半ばフラストレーションを感じ、「私は愛していると言ったじゃないか！」と伝えることで、誤解を解きたいのでしょうか。

あるいは「何度も愛していると言っているのに信じてもらえないのが悲しい」という気持ちを強く伝えたいのでしょうか。


私が参加したプロフェッショナルスピーカーたちが受ける、集中ブートキャンプのなかでも、自分の原稿の一部分を切り取って、こうした言い方をしてみる実験がありました。

コーチが「私たちに安心感を抱かせて」とか「私たちが不安になるように促してみて」などと指示します。

話す文章はまったく同じです。しかし、聞き手から引き出したい感情をしっかり「意図」していると、同じセリフでも、聞き手からまったく違う感情が引き出され、聞き手役の参加者たちからも驚きの声が上がりました。

名優はレストランのメニューを読み上げるだけで、聞き手を泣かせることができると言いますが、まさにそのとおり。

その1文で、そのストーリーで、そして、そのスピーチ全体として、相手にどんな気持ちになってもらいたいのか。言語化されたメッセージそのものだけでなく、その奥にある「意図」を1つひとつ丁寧に確認していきましょう。

そうすることで、ワンビッグメッセージが相手の心の深いところにしっかりと刺さっていきます。

なぜなら感情はウソをつかないからです。

「5つのI（アイ）」で、ゴールの階段を昇る

ビジネスにおけるストーリーの究極のゴールは、相手に「イエス」を言わせることです。

それが新規契約であっても、投資のピッチングであっても、次年度の予算獲得であっても、相手を動かして「イエス」に導くことが目的となります。

では、ひるがえって考えてみて、たとえば初めてのデートで、いきなり結婚のプロポーズをするものでしょうか？

おそらくしませんよね。

まだよく知りもしない、いわば「他人」の状態で、相手に「イエス」を言わせようとするのは至難の業であるはず。

これは極端な例かもしれませんが、ビジネスの場で、相手にプロポーザルを提示して「イエス」を引き出そうとするなら、それは初回デートでの結婚のプロポーズと似たような状況なのです。

リーダーは、公私ともにあらゆる場面で発言をする機会があります。

社内外のミーティングや株主総会、年頭挨拶、記者会見、イベントでのビジネスの場でのスピーチはもちろんのこと、大学の卒業式やＳＮＳ、ブログなど、ビジネスに直結しないと思われる場面でも、常に「〇〇会社の顔」というタイトルがついて回ります。

聞き手がそんなあなたのプレゼンを聞いた時、だいたいこんな認識の階段を昇っていくものなのです。

英語ではすべてI（アイ）が頭文字にあるので、ここでは**「I（アイ）の5段階」**と覚えるといいでしょう。

Invisible（インビジブル）……見えない、知られていない状態

「あなた、誰？」（恋愛であれば）

「何？　その会社？」（ビジネスであれば）

⬅

Insignificant（インシグニフィカント）……取るに足りない、あまり意味のない状態

「いい人ね。でも別に」

「そう言えば、そんな会社あったね」

⬅

Interesting（インタテレスティング）……興味を抱く段階

「面白い人ね。もっとあなたのことが知りたい」
「面白いことやっている会社だね。もう少しリサーチしてみようかな」

⬅

Intriguing（イントリーギング）……関心をそそられる、面白いと感じる段階
「知れば知るほどあなたにのめり込んでいくわ」
「この会社すごい！」

⬅

Irresistible（イレジスタブル）……抵抗できない、抑えられない段階
「いつ結婚する？」
「どこにサインすればいいんですか？」

あなたの企業ブランドは、いまどの階段にいるでしょうか。
聞き手に、このI（アイ）の階段の最上階まで上らせることに成功したら、相手が動くということです。
現実的に言えば、よほど名の知れたグローバル企業でないかぎり、だいたいインビ

ジブル（見えない段階）から入ることでしょう。

あるいは、グローバル企業であっても、すでに特別な関係を築いていないかぎり、インシグニフィカント（取るに足りない段階）にいるかもしれません。

もし最初からインタレスティングの段階にもっていき、イントリーギングにつなげられれば、「イエス」が得られるイレジスタブルに到達するのもあと1段。


このI（アイ）の階段を上るためのツールが、ストーリーテリングです。

第1章の冒頭でも述べたように、認知心理学の生みの親の1人である、ジェローム・シーモア・ブルーナー氏のリサーチによると、人は事実よりストーリーを22倍、覚えていると言われています。

すなわちストーリーテリングができる人が出世しやすいのです。

「チラ見せ」で聞き手の興味をかき立てる

続きが聞きたくなるチラ見せや驚きがあると、人は興味をかき立てられます。ビジネスなら、エレベーターピッチだったり、長いプレゼンのなかのオープニングだったりで、興味をかき立てる場面となります。

たとえば、ディズニー映画版の『アラジン』を見てみましょう。有名な曲「ア・ホール・ニュー・ワールド」の直前のシーンです。

Invisible から Interesting へ

ジャスミン：Just go jump off a balcony!（バルコニーから飛び降りれば！）

アラジン　：What?（何だって？）

アラジン　：Yeah, right.（わかったよ）

ジャスミン：What?（何!?）

アラジン　：　You're right. You aren't just some prize to be won. You should be free to make your own choice.（君の言うとおりだ。みんなが君を、勝ち取る賞品みたいに扱う。君自身が自由に選ぶべきなのに）
アラジン　：　I'll go now.（飛び降りるよ）
ジャスミン：　No!!（ダメ!!）

ここでも意外性で相手の予想を裏切り、感情のコントラストを生み出して、Invisible で Insignificant だったアラジンを、興味の対象として見るようになります。魔法の絨毯《じゅうたん》となると、ここまでドラマチックな設定は、ビジネスでは難しそうに思えるでしょう。

ですが、これを使って大成功したのが、２００８年、スティーブ・ジョブズが伝説に残るプレゼンをしたケースです。

ジョブズは茶封筒を持って登場して、そこからノートパソコンを取り出してみせたのです。MacBook Air の発表でした。

キャッチコピーは、「世界で最も薄いノートブック」。

こちらは物理的コントラストを使っています。

そんな薄い封筒に、まさかラップトップが入っているなんて誰も思いもよらなかったはずです。でもそれを視覚的に見せたことで、物理的コントラストが生み出されました。

聞き手を驚かせたことで、一気に心をつかんだのです。

「触れて、惹き込む」のユニークな発想

興味レベルが最大限高まった状態になると、Intriguing段階にたどり着きます。

InterestingからIntriguingにたどり着くための移行とは何でしょうか。

アラジンの続きを見てみましょう。

（アラジンはバルコニーからひょっこり顔を出して）

アラジン　：What? What?（何？　どうした？）
ジャスミン：How...（どう…）
　　　　　：How are you doing that?（どうやって!?）
アラジン　：It's a magic carpet.（魔法の絨毯さ）
ジャスミン：It's lovely.（素敵）
アラジン　：You don't want to go for a ride, do you?（乗ってみたくないかい？）

ほかの人には操れない魔法の絨毯で、アラジンはジャスミンをIntriguing段階に連れていきます。

さらに揺さぶられた心を急き立《せ》てるように、「乗ってみたくないかい？」と核心につく直球な質問をして、興味レベルを極限まで引き上げています。

「It's lovely.」までは、自分だけのユニークさがポイントとなっています。

アラジンにとっては、ほかの人には操れない魔法の絨毯がユニークさになっています。私の場合は、第2章の83ページ紹介したオープニングで、戦略コンサルなのに競技ダンサーでもあるという意外な組み合わせが、ほかの人には出せないユニークさになっています。

あなたのユニークさはどこにあるのでしょう？


そして「乗ってみたくないかい？」というセリフは、**「タップ&トランスポート（Tap&Transport）」**の手法です。

聞き手が心の奥底で実は望んでいることにタップする（触れる）ことで、効果的にこちらの世界にトランスポートして（連れて）くる。

連れてこられたら、Irresistibleに到達するのは簡単です。

人にはマネできない、自分だけのユニークさを押し出すことで、そこに聞き手を**「触れて、惹き込む」**ことができます。


また、アラジンはペインポイントの手法もうまく取り込んでいます。

この前段階で、アラジンは、「みんなが君を、勝ち取る賞品みたいに扱う。君自身が自由に選ぶべきなのに」というセリフを言っています。

これこそがペインポイントを突いたセリフで、ジャスミンが王子たちが争って勝ち取るトロフィーではなく、自分自身の意志がある存在だということを伝えているわけです。

ジャスミンの「痛み」は人形扱いされて、自らの意志で生きていけないことですから、聞き手をグッと惹きつけます。

聞き手視点で、ペインポイントを知り、そのペインポイントを解決するために、こんなことを望んでいるはずという想定をするのが効果的です。

そのうえでアラジンは、「乗りたくないかい?」という夢見型シナリオを使っているのです。

アラジンのストーリーはさらにこう続きます。

アラジン　：We could get out of the palace, see the world.（この宮殿を抜け出せる、世の中を見るんだ）

（ジャスミン、魔法の絨毯に触れて）

ジャスミン：Is it safe?（大丈夫なの……?）

アラジン　：Sure. Do you trust me?（もちろんさ。僕を信じろ）

ジャスミン：What?（何ですって?）

アラジン　：　Do you trust me?（僕を信じろ）
ジャスミン：　Yes.（わかったわ）

そして2人は、魔法の絨毯で夜空を駆け回りながら、「ア・ホール・ニュー・ワールド」を歌うのです。

それはまったく新しい世界だろうと、観客も感じるでしょう。

このように、Intriguingまで階段を上ってもらうためには、聞き手視点でタップ&トランスポートしながら、あなたのユニークさを掘り下げることが鍵です。

自分のユニークさといっても、なかなか見つからないかもしれませんが、魔法の絨毯やダンスなどでなくとも、自分ならではのユニークな視点でも良いのです。

たとえば、ブルース・ウィリス主演の『16ブロック』という映画のワンシーンから、適例をご紹介しましょう。

ブルース・ウィリス演じる不良刑事のジャックが、護送中の囚人エディからこう尋ねられます。

エディ「あんたはハリケーンのなか運転している。するとバス停に3人の人が座っているのが見える。1人は死にそうな老婆。1人はあんたの親友で命の恩人。もう1人はソウルメイトと直感した女。でもあんたの車は小さくてあと1人しか乗れない。さあ、誰を選ぶ?」

あなたならどうしますか?

老婆を車に乗せて病院に連れて行くでしょうか。あるいは、昔自分の命を救ってくれた親友に大きな借りを返すのが筋かもしれません。でもそしたら、ソウルメイトになるはずの女性とは二度と出会えないかもしれません。

ジャックはこう答えます。

「俺だったら、親友に車の鍵を渡して、老婆を病院に連れて行かせるね。俺はバス停に座り、ソウルメイトと静かにバスを待つ」

なかなか思いつかない発想ですよね。

Irresistible に到達するには、こんな、あなただけのユニークな発想や価値観が必要です。

その掘り起こしこそが、内省プロセスです。

ぜひとも、あなただけの発想を掘り起こしてみてください。

あとひと押しには「保証」をつける

興味が最大限になった時、人にはいろいろな不安や疑問が頭をよぎるものです。

「あの人にはできるけど自分にはムリ……」

(アラジンには、この魔法の絨毯を乗りこなせるけど、自分に乗りこなせるのか？

2人乗っても大丈夫なのか？　初めて乗るのに落っこちたりしないのか？)

そこから「これをやれば／信じれば、私にもできる。私にもあの未来予想図に近づける」と、確信させること。

確信できて初めて、相手は「イエス」となります。

相手にとって「自分にも応用可能だ」と確信させることが大事なのです。

提案している内容やスキルは、「あなたが特別だから」実現したのでしょうか。

そうだとしたら、「自分にはムリ」「わが社にはそんなリソースがない」と、聞き手の心は離れてしまいます。

いかにあなたの提案が、聞き手にとって役に立つものであり、聞き手にも実現できるものなのか、聞き手にとっても譲渡できるスキルなのか、あなたの提案を聞いたら次にどう行動すべきなのか。

そうした聞き手視点で常にメッセージを考え、ストーリーを組み立てることが大切です。

スピーチ／プレゼンでの主役は、あくまで聞き手。話し手はゴールに導くためのガイド役なのです。

聞き手視点に立って「聞き手のベネフィットは何か」、さらに「聞き手にどう行動してほしいのか」を考えてみてください。

たとえば、こんなふうに使うこともできるという例を挙げましょう。ここで紹介する「ダイアログ・イン・ザ・ダーク」は、実際に日本にある施設です。

「ダイアログ・イン・ザ・ダークというアトラクションをご存じですか？」

——いや、聞いたことがないです。（Invisible）

「暗闇のエンターテイメントなんですよ。1988年、ドイツの哲学博士アンドレアス・ハイネッケの発案によって生まれたんです」

——へえ、そんなものがあるんですね。（Insignificant）

「ふだん、目以外の何かで、物を見たことがありますか？　ないですよね。ここでは暗闇のなかを歩いて行くという体験をするんです。真っ暗闇のなかを歩き、視覚障害者の方がガイドとなってくれるのです」

——視覚障害者の方と暗闇を歩くんですか？　何をするんですか？（Interesting）

「暗闇のなかをグループで歩きながら、いろいろなものに触れたり、知らない人と対話したりするんです。一度体験してみると、いままでにない、まったく新しい感覚を覚えると思います。

私自身は暗闇体験をして、ふだんどれだけ視覚情報に頼っているのかということを痛感したし、視覚障害者の方の能力に助けられて、ふだんとは立場が逆転していることを感じました。さらに視覚がない時に、ほかの感覚が研ぎ澄まされる経験をしました。いままで感じたことのない体験です」

——なるほど、視覚以外の感覚を研ぎ澄ます経験って、そう言えばないですよね。(Intriguing)

「まずはご一緒に体験してみませんか。体験後は、五感を最大限開花させて世界を感じることができますよ。体験前とあとで、何も変わらなかった人には会ったことがありません」

——ええ、一度体験させてください。(irresistible)

これは知人を誘うケースですが、これがビジネスであれば、体験してもらったあとに、次の段階のゴールに導くことになります。

実際に約600社以上の企業団体が「ダイアログ・イン・ザ・ダーク」を導入した、真っ暗闇でのビジネスワークショップに参加して、「リーダーシップ養成」や「コミュニケーション向上」に役立てているそうです。

さて、この章では、いかにいろいろなテクニックを盛り込むかで、聞き手を動かすことができるかを把握していただけたかと思います。

期待を裏切って心を揺さぶり、そこに自分だけのユニークさを乗せて興味を最大限にかき立てて、不安を一掃して実現を保証する。

こんな心理的な流れを、データや統計、分析結果などの事実だけで実現しようとするのは至難の業です。

けれどもストーリーなら、それが実現できるのです。

第5章

ビジネス戦略としての「コーポレートストーリー」の作り方

いまや世界基準の「コーポレートストーリー」に不可欠な3つの要素

私がプレゼン／スピーチの企業研修をしていて、しばしば質問されることがあります。

「たしかにＴＥＤスピーチや自己啓発になるスピーチならストーリーで語ることが合うでしょうが、ビジネスの場ではストーリーは目的にそぐわないのではないですか？」

これについてはハッキリと、**「そうではありません」**とお答えできます。

人は「何かを売り込まれている」と少しでも感じると抵抗を感じたりしますが、豊かなストーリーには誰もがつい耳を傾けてしまう力があります。

実際、ビジネスプレゼンのなかのストーリーは、さまざまな役割を担ってくれます。込み入ったコンセプトや新しい知識を得た時、ストーリーとともに解説されると、聞き手の理解がより進み、腹落ちしやすくなります。

商品やサービスの購入を検討しようとしている時、実際にそれをどんなシーンで使ったら現状がどのように改善されるのか、ストーリーならよりイメージがわきやすくなります。

上司から言われて仕方なく参加した研修でも、講師が自身の失敗談などのストーリーが語られると、研修にも興味が持てるようになります。

過去のケースを紹介する際、そのプロジェクトに関わった人々の顔が見え、どんな苦労を経ていまに至るか、ストーリーで聞くことができれば、より、「この会社に頼みたい」と心が惹かれます。

しかし一般的に言えば、セールスやビジネスプレゼンでは、ついつい「事例紹介」にとどまってしまうパターンがほとんどではないでしょうか。

事例紹介（クライアントの課題やプロジェクト背景説明、提供したソリューション、得られた結果）を明確に説明すれば、説得力があると思いがちですが、論理だけでは人の心は動きません。

たんなる事例紹介にとどまらないためには、ストーリーが必要なのです。

そして、ストーリーと言っても、コーポレートストーリーにおいては、たんにストーリーで終わってはいけません。

お伽話《とぎばなし》であれば「めでたし、めでたし」で終わって問題ありません。

しかしながら、ビジネスではそこでは終わらず、そのあと聞き手に何をしてほしいのか、聞き手にとってのネクストステップが必ずあるはずです。

そこで、コーポレートストーリーへとバージョンアップするためには、次の3つの要素が組み込まれていなければいけません。

①明確なゴール

ビジネスプレゼンの際、最初に考えたいのは、「そのプレゼンの結果、相手から何を引き出したいか」というゴールを明確に設定することです。

そして、そのゴールを達成するためには、どんなストーリーをどのように伝えるべきなのかが決まってきます。

②明確な学び

ストーリーから聞き手が得られる学びは何でしょうか？　聞き手にとってなんらべ

ネフィットもないプレゼンなら、「ああ、そうなんだ」で終わってしまい、プレゼン後は忘れ去られてしまうことでしょう。

聞き手にとっての学びが引き出せなければ、ゴール達成も実現し得ません。

③明確なネクストステップ

ゴールを達成し、聞き手から学びを引き出したなら、ゴールに沿った「次なるステップ」に確実につなげたいものです。

あなたのプレゼンを聞いたあと、聞き手は何をすればよいのでしょうか？ 商品を購入してほしいのでしょうか。あるいは自社ブランドを知ってもらいたいのでしょうか。

明確なネクストステップが提示できて初めて、相手を動かすことができます。

「わが社のサービスを使えば、現状では満足できなかった問題が解決されます」

「サプライヤーはA社に決定しましょう」

「このキャンペーンなら、高いROIが見込まれます」

といったように、ネクストステップにつながるメッセージを盛り込みましょう。

たんなる事例紹介から
コーポレートストーリーへ

では、コーポレートストーリーの作り方をマスターしていきましょう。

「事例紹介」は次のようなイメージで説明されるのが通常でしょう。投射資料にもたいていこのような箇条書きで記載されます。

■クライアント：通信事業　A社

■課題：各種サービスが複雑化しており、俊敏かつ柔軟な情報基盤を作ることが必須

■ソリューション：複雑化する各種サービスを見えるようにすることで、事業プロセスの効率化、資産を削減

■成果：わが社の商品、「ビジネス・フローチャート」を導入することで、資産1／4へ、大規模プログラムの開発期間を約30％短縮し、かつ高品質な開発を実現

さて、第3章で解説した「6つのC」（キャラクター、サーカマスタンス、コンフリクト、キュア、チェンジ、キャリーアウト）のうち、欠けているのはどれでしょうか。「キュア」は、ソリューションとなったわが社の商品「ビジネス・フローチャート」になります。

そして、この商品がきっかけとなり、資産と開発期間の削減という成果、つまり「チェンジ」を実現したことになります。

この「キュア」と「チェンジ」という2つのCは、通常「事例紹介」にも含まれています。しかしながら、この事例も同様、ほとんどの「事例紹介」には、そのほかの4つのCが欠落しています。

まず、キャラクターが出てこないので、「人の顔」が見えず、身近に感じられません。サーカマスタンスも、各種サービスが複雑化していたという簡略な状況はわかるものの、どんなに喫緊の課題だったのか、この問題のためにどこにどんな影響が出ていたのか、どんなペインポイントがあったのかなどの詳細までは見えてきません。

コンフリクトが起こる前の状況と、あとの変化のギャップが大きく見えることで、聞き手の納得度合いが変わってくるので、最初の状況をしっかり描いてあげることも大切です。

しかし、ビジネスプレゼンにもっとも欠落しがちなのが「コンフリクト」です。ソリューションを提供するにあたり、必ずなんらかの苦労があったはずです。そして、プレゼンの聞き手の企業でも、もし同商品の導入を決定したら、少なからずなんらかの障害が必ず出てくるはずです。

先ほどのA社の事例では、どんな障害があったのでしょうか。どんな点に苦労したのでしょうか。どんな人たちがどのような思いで取り組んでいったのでしょうか。

その障害をともに乗り越えようとしたことで、クライアントとわが社の合同チームが一体感を感じるきっかけになったということはありましたか？　誰かがふと発したひと言から、ひらめきがあったりしなかったでしょうか？

「事例」に「コンフリクト」を加えてみると、たちまち豊かで、「人の心」が感じられる共感できるストーリーになるのです。

最後に、キャリーアウトは、たんなる成果、「チェンジ」のその先にある学びです。「チェンジ」がクライアントの未来予想図にどんなふうに貢献したのかを描いてあげることで、学びが見えてきます。

たとえば、直接的な成果として、資産と開発期間の大幅削減ができた（チェンジ）かもしれませんが、そのおかげで、いままで到達しきれてなかったハイエンド層の顧客がわが社の商品に興味を持ち始め、市場が広がったとしましょう。

その場合、事業効率を改善するわが社のソリューションは、あなたの会社の可能性も拡大するという未来予想図が描けるという学びがあるかもしれません。あるいは、業務効率が上がって営業成績が伸びるセールスパーソンがどんどん増えて会社全体としての収益向上に貢献したかもしれません。

「成果」のその先にあるキャリーアウトを見せて、ようやく聞き手は頭と心で説得されるのです。

このように、事実を箇条書きにしたような、たんなる「事例紹介」ではなく、「6つのC」をそろえることで、相手を動かすプレゼンに仕立て上げることができるのです。

では、前述の事例紹介に、「6つのC」を取り入れ、コーポレートストーリーにレベルアップしてみましょう。

「みなさんの企業では、市場の先を読みながら多様なサービスを迅速に展開しているのに、少々伸び悩んでいるという課題はお持ちではないでしょうか。

昨年秋、A社のトップセールスパーソン、山田さんと業界コンベンションで1年ぶりにばったりお会いした時のことです。（キャラクター）

久しぶりだったので、コンベンションセンターのスターバックスでコーヒーをご一緒しながら情報交換することにしました。

私は山田さんにこう言いました。

『A社はここ数年、新サービス導入のスピードが速くて素晴らしいですね。市場の先を行っていらっしゃる』

すると山田さんは、意外にも表情が曇って、コーヒーを飲む手を休めてこうおっしゃいました。

『いや実は、新サービスが増えすぎて複雑になってしまって、売上は上がっている一方で、資産もどんどん増えてしまって、事業効率も悪くなってるんですよ……』

『なるほど、資産メタボの状態に陥ってしまっているわけですね。もし複雑になったサービスが、ひと目で把握できるようになれば、もっとシンプルにマネージできて、

売上効率も上がるのではないでしょうか？』（**サーカマスタンス**）

その時、私はわが社の『ビジネス・フローチャート』が、A社の悩みを救うと確信しました。（**キュア**）

『ビジネス・フローチャート』は、事業プロセスを可視化することによって、いまのプロジェクトがどの段階にあるのかをひと目でわかるようにするシステムです。そうすると、これまでプロジェクトごとに別々のシステムで独自管理していた状態から中央集権化できるので、不必要な資産が大幅に削減でき、効率も上がってきます。

コンベンションから戻った山田さんは、さっそく社内でプロジェクトを立ち上げ、わが社の『ビジネス・フローチャート』導入に取り組みました。

しかし、事業プロセスの異なるサービスはなんと100種類を超えていて、これらのプロセスをすべて『ビジネス・フローチャート』に落とし込むのは途方に暮れるような作業量でした。（**コンフリクト**）

そこで、それぞれ専門性を持つわが社のプロフェッショナル5名が、A社の担当者と毎日肩を並べて、1つひとつ『ビジネス・フローチャート』に落とし込む作業を地道に進めました。

途中、担当者の出張で日程がずれ込んだり、毎日顔をつき合わせるのを快く思わない方もいたりしましたが、（**コンフリクト**）『お客様とともに』という姿勢を徹底するわれわれプロフェッショナルチームは、約6カ月かけて作業を完了させました。『ビジネス・フローチャート』を導入したことで、A社は資産1／4への削減を達成しました。

さらに情報を把握しやすくなったために高品質なプログラム開発が実現したうえに、事業プロセスの効率が高くなり、開発期間も30％短縮できるようになりました。（**チェンジ**）

つい先日、再度山田さんとお会いしたところ、こんなうれしいひと言をおっしゃってくださいました。

『おかげさまで私はもちろん、営業チーム全体の成績が順調に上がって、会社に貢献している！　と実感しています』

わが社の『ビジネス・フローチャート』は、みなさまの会社の生産性を、資産効率

良く、大きく改善することができます。（キャリーアウト）
そしてわれわれの専門性の高いプロフェッショナルが、みなさまの会社の課題にパーソナルに取り組み、やり遂げます。
まさに技術とヒトが一体となって、みなさまの成長のお手伝いをします」

どうでしょうか。形式ばった簡素な「事例紹介」を、こうやって「コーポレートストーリー」として語ることで、人の顔が見え、人の心を感じ、いつの間にか共感しながら、「この会社のソリューションは良さそうだ」と、興味を持って聞くことができませんか？

もし投射資料で、前述のような箇条書きをどうしても見せたい場合は、このようにコーポレートストーリーを語った「あと」のまとめとして使用してみてください。

プレゼンの主役は投射資料ではありません。資料を読み上げるだけの話し手も、決して主役にはなり得ません。

主役は聞き手です。聞き手に、「このストーリーは自分のケースにも当てはまる！」と感じてもらい、「自分が抱えている問題や課題が解決されそうな未来予想図がここにある」と思い描かせることが、プレゼンの成功につながります。

それを実現するのが、まさにストーリーなのです。そして、第4章179ページでも触れた、「Iの5階段」を1段ずつ上り、最上階まで聞き手を導いていくのは、ストーリーを語るガイド役である話し手の「あなた」なのです。

ストーリー使用前使用後で激変！コーポレートストーリー実例

ここまでで、コーポレートストーリーの作り方を中心に、「ブレイクスルー・メソッド」から相手を動かすさまざまなコツをお話ししてきました。

では、実際のプレゼン原稿に、ブレイクスルー・メソッドを取り入れるとどのようにインパクトが変わるのか、ストーリーにフォーカスしながらサンプルケースを2つお見せしましょう。

まずは、日系製造メーカーB社の人事担当である畑田さんのケースです（氏名や詳細などは変更してあります）。

同社の働き方改革の事例について、人事関連フォーラムでプレゼンをした際の原稿です。もとは45分くらいのプレゼンの省略版を掲載します。

最初にもとの原稿からご覧ください。

【ブレイクスルー・メソッド使用前】

「本日は、人材戦略としての働き方改革についてお話しさせていただきます。

まず、わが社は1900年に創業、日本、アジアを中心に、北米、ヨーロッパ、世界23カ国でさまざまな事業展開をしており、現在も拡大中です。

わが社の使命は、『お客様とともに未来を創造する』であり、その実現のために、『ヒト』を大切にしながら、『確かな技術』に基づいた最上の商品を提供することをお約束いたします。

現在、大量生産時代から、付加価値創造の時代へと変化しております。『人』と『財産』と書きまして、多様な『人財』を活用し、シナジー効果を上げながらイノベーションを起こしていくことが、ビジネス成長に必要不可欠です。

しかし現在の日本では、ダイバーシティーが遅れています。それは、長時間労働に対する美徳心がまだ存在していること、そして、長時間労働をする社員が実際評価されていること、効率より長時間労働で成果の最大化を図ろうとしていることなどが挙げられ、これでは育児や介護、その他の家庭の事情などにより、時間的制約のある人財は育たないのが現状です。

また社員も心身の健康が保てなかったり、仕事へのやりがいを感じなくなったりしていき、パフォーマンスも落ちていきます。

そこでわが社は、働き方の改善に向けて、テレワークのシステムを新たに導入しました。

テレワークの仕組みは次のとおりです。

まずコアタイムを撤廃したフレックスタイムを導入し、1日の最低勤務時間を5時間としました。

次に働く場所を、オフィス、自宅、自宅以外のサテライトオフィスの3カ所に設定し、1週間のうち最低10時間オフィスに出社すれば、それ以外の時間は、事前に許可取得済の自宅や、指定された自宅外のサテライトオフィスで勤務できるようになりました。

たとえば、未就学児のお子さんをお持ちの母親などは、朝、在宅勤務をし、子どもが保育園にいる間にオフィスに短時間出社したり、保育園近くのサテライトオフィスで仕事をしたりし、海外との電話会議は、夜自宅から行うというような勤務体制がとれるようになります。

この働き方改革の実現には、スケジュール管理ツールなどのソフトウエアの導入と、社員のこまめなスケジュール入力も欠かせませんでした。

このテレワーク導入により、社員は効率よく働くようになり、生産性が上がりました。さらにライフワークバランスが保て、自分の時間も作れるようになったことから、働く意欲も上がりました。

そして、これまで短時間制社員だったスタッフが、フルタイム勤務に変更することを可能にし、より多くの人的資源をフル活用できるようになりました。

わが社の働き方改革の事例をこのような場でご紹介させていただき、今後も積極的に発信していくことで、わが社やグループ会社のみならず、同業界、他業界、そして日本全体に、魅力的な職場作りの風土が広まっていくことを願っております」

これがもとの原稿です。一般的に言えば、これでもきちんとまとまっているように見えるのではないかと思います。

しかしながら、ここにストーリーのテクニックを導入することで、聞き手を動かすコーポレートストーリーへと変えることができるのです。

この段階で気になるのは以下の箇所です。

×オープニング部分が、まるで「動く歩道」のようにコントラストがなく自社紹介が続いている

スピーチ／プレゼンでは、オープニングは聞き手の関心を惹くためにもっとも重要な箇所です。

第一印象という言葉がありますが、スピーチでは、**最初の7秒に何を言うか**が興味を惹くかどうかの分かれ目です。

よくスピーチに立つ時に、つい丁寧にしようと「本日は1段高いところから失礼いたします。このような名誉を△△様からいただきまして、まことに恐縮です」といった長たらしい挨拶をする人もいますが、これはせっかくの7秒を退屈にしてしまう、もったいない出だしなのです。

そして、聞き手がその話を「面白い」「聞きたい」と判断するのは、だいたい30秒とされています。

たった**30秒**です。30秒内という短い時間で判断されてしまうので、いかにオープニングで相手を惹き込むかが課題となるのです。

私はこれを**「7秒—30秒ルール」**と呼んでいます。

「7秒—30秒ルール」に照らし合わせると、最初に事例紹介を淡々と述べていくのは、聞き手の関心を惹かないオープニングとなってしまうのです。

×全体として構成はきれいにまとまっているものの、事実だけがぶつ切りで点在している

「課題」（現在大量生産時代から〜パフォーマンスも落ちていきます）

「ソリューション」（テレワークのシステムを新たに導入〜テレワークの仕組みの説

明）

「結果」（このテレワーク導入によりフル活用できるようになりました）

これらすべてが「事例紹介」をするだけにとどまっています。

×パトスに欠けていて、頭では理解できても共感できる要素がない

「6つのC」が揃《そろ》っていないために人の顔が見えず、ペインポイントもわかりません。せっかく「未就学児のお子さんをお持ちの母親」という「キャラクター」を事例として挙げているのですから、このキャラクターを「ヒーロー」にしてストーリーが作れるはずです。

あるいは、聞き手視点で考えた際に、次期幹部候補のエリート男性のほうが「ヒーロー」にふさわしければ、そのエリート男性のストーリーを持ってくるのも良いかもしれません。

「ヒーロー」は仮名でもよいので、名前を出してあげるとより身近な、実在の存在として聞こえてきます。

仮に田中さんとしましょう。その田中さんは、どんな困った状況（サーカマスタンス）があり、どんな困難や障害（コンフリクト）に遭遇したのか、テレワーク（キュア）によって田中さんの毎日の生活がどう変わったのか（チェンジ）、そんな田中さんを見て、この日系製造メーカーB社は、どんな気づきや学び（キャリーアウト）があったのか。その学びを聞き手と共有してこそ、説得力のあるメッセージになってくるはずです。

×全体を聞き終わっても、たんなる事例を紹介しただけで、「So What?（だから何？）」に対する答えがない

事例紹介の先には、何かゴールとするところがあるはずで、それをきちんと見据えなければいけません。

またこの事例では、テレワークの導入がソリューションになったことはわかりますが、具体的にどんな学びがあったのかも不明瞭《ふめいりょう》です。

スピーチを聞いた人が会場をあとにした時、どうあってほしいのか、ネクストステップも特にないため、「めでたしめでたし」で終わってしまっています。

以上、ビジネスプレゼンで結果を出したいなら、①明確なゴール、②明確な学び、③明確なネクストステップの３つの要素を明確にすることが必要だと、この章の初めに話しました。たとえば、その３つの要素を次のように設定とするとしましょう。

①明確なゴール：A社を働き方改革のベストプラクティスとして認知度を高め、ブランドカアップにつなげる。
②明確な学び：働き方改革は人財戦略そのものである。
③明確なネクストステップ：先進事例として、有力ビジネス誌に特集記事として取り上げられる。

そして、このストーリーを通して伝えたいワンビッグメッセージは、**「働き方改革は働くヒト改革につながる」（17字）**

では、これらを念頭に置いて、改善サンプルをご覧いただきましょう。

【ブレイクスルー・メソッド使用後】

オープニング

「わが社では1昨年まで、中間管理職層の1週間の平均出社時間は60時間でした。週末のゴルフ接待の時間を入れたらさらに長くなります。

でも、昨年わが社が働き方改革を導入してから、平均出社時間が45時間に削減されました。

マイナス15時間分の仕事はどうやって片づけているのか？　と疑問に思われるかもしれませんが、実は逆に生産性が上がりました。

これを可能にしたのは、まさに人財戦略と位置づけたわが社の働き方改革にあります。

今日はその秘訣をみなさまにお持ち帰りいただき、ベストプラクティスとし、ぜひご参考にしていただければと思います。

第1幕　状況設定

将来の経営幹部候補と言われていた、企画部の田中さん（**主人公**）は、いつも上司から、『いつも遅くまで頑張っているね』と『褒められて』いました。

田中さんのチームメンバーたちも、リーダーの田中さんが退社するまでみんな残業して頑張っていました。

そんな『褒められチーム』を率いる田中さんには、1つ気がかりなことがありました。チームメンバーは、田中さんが指示したことはきちんとこなすメンバーばかりでしたが、みな淡々と各自の仕事をこなすだけで、チーム一丸となって積極的に何かを成し遂げようという機運が感じられない、ということでした。

第2幕　困難⬇救済⬇変化

ある日、田中さんはチームメンバー同士のこんな会話を小耳に挟みました。入社5年目の若手ホープの鈴木君と、2年上の先輩である杉本さんです。

『鈴木くん、どうした？　なんかちょっと元気ないんじゃないかい。そう言えば、昨日いつもよりちょっと早く帰っていたけど、具合でも悪い？』

『あっ、すみません、杉本さんにご迷惑おかけしちゃいましたか？』

『いや、そんなことないけど、いつも遅くまでいるのに昨日はどうしたのかなと思って』

『あっ、いや、実は昨日、彼女の誕生日だったんですが、本社に送る書類の準備がなかなか終わらなくて、それでもいつもより少し早く出たんですけど、ディナーに遅れちゃったんですよ。そしたら彼女が不機嫌になっちゃって……。誕生日なのにレストランで1人待ちぼうけを食らったって……」

田中さんはこの会話を聞いて、ハッとしました。

残業を良しとする文化を、自分が筆頭になってチームに広げてしまっているせいで、チームメンバーの個人の時間を奪ってしまっている……。

こういう働き方では、時間だけが無駄にすぎていって、当然仕事への意欲も上がらないだろうと。**（コンフリクト）**

そんな折、わが社は、働き方改革のプロジェクトを立ち上げることになり、それを知った田中さんは、真っ先にプロジェクトメンバーに立候補しました。

テレワークの仕組みを検討していきましたが、残業を良しとする文化を変えていくには、他部署からの反発もありました。

やはり対面で仕事をするからチームワークが高まるのだという意見や、テレワーク

では社員を管理することができない、という意見などです。（コンフリクト）

まずは実績を作って効果を示すしかないと考え、田中さんは実験的に自分のチームにテレワークを導入してみることにしました。（キュア）

テレワークの仕組みは次のとおりです。

まずコアタイムを撤廃したフレックスタイムを導入し、1日の最低勤務時間を5時間としました。

次に働く場所を、オフィス、自宅、自宅以外のサテライトオフィスの3カ所に設定し、1週間のうち最低10時間オフィスに出社すれば、それ以外の時間は、事前に許可取得済の自宅や、指定された自宅外のサテライトオフィスから勤務できるようになりました。

たとえば、未就学児のお子さんをお持ちの母親などは、朝、在宅勤務をし、子どもが保育園にいる間にオフィスに短時間出社したり、保育園近くのサテライトオフィスで仕事をしたりできるようになります。

あるいは、若手ホープの鈴木くんのように、プライベートの時間を大切にしたい日には、自宅からリモートアクセスすれば、帰宅後にマイペースで仕事を完成させたり、海外との電話会議も、夜自宅から行うというような勤務態勢も取れるようになります。

最初は、出社時間を短くすることに抵抗を感じていましたが、田中さんは、自ら定時で退社したり、子どもの授業参観があれば仕事を抜けて参加したりと、率先して出社時間を短くし、テレワークを積極的に活用するようにしてみました。すると、徐々にチームメンバーもテレワークをうまく使えるようになっていったのです。

スカイプを使ったチームミーティングでは、

『鈴木くん、いまどこ？』

『サテライトオフィスのカフェスペースです！　ここキレイですよ！』

『見せて！　あっ、ほんと。今度、私もそこ使ってみよう！』

『例の書類は？』

『共有フォルダにアップしました。フィードバックもらえますか？』

というような生き生きした会話も聞かれるようになりました。

それとともに、これまで指示待ちをしていたチームメンバーが、離れて仕事をすることで自ら考え、先回りして仕事をするようになってきました。働き方を改革することで、ヒトが変わっていったのです。（チェンジ）

第3幕　収束

田中さんのチームでの成功事例が、現在、わが社の多くの部署内にどんどん広がっています。

わが社は1900年の創業以来、「お客様とともに未来を創造する」を使命にしてきました。その実現の中核には、『ヒト』があります。『ヒト』を大切にしながら、確かな技術に基づいた最上の商品を提供することがわれわれの約束です。わが社の働き方改革の取り組みは、働くヒト改革につながることがわかりました。まさに働くヒト改革こそが、人財戦略ではないでしょうか。（キャリーアウト）

働くヒト改革につながる働き方改革で、ぜひわれわれの業界だけでなく、日本全体の企業文化が活性化していくことに貢献していきたいと思います。

われわれの取り組みが、もしベストプラクティスとして日本全国の企業のみなさまのご参考になるならば、喜んでお話しさせていただく場を設けたいと思っております。

どうぞお気軽にお声がけください」

いかがでしょうか。事例紹介から、生き生きとしたコーポレートストーリーに変わっていることがわかると思います。

セールス、自社／サービス／商品紹介、プレゼンなど、人前で話す機会がある時には、ぜひ自分の原稿を１４０、１４１ページのワークシートに従って、チェックしてみましょう。

ストーリー使用前使用後で激変！プロモーション実例

続いて、片づけコンサルタントの川辺陽子さんのケースです。

こちらはターゲット層が集まる会合で、片づけコンサルタントの仕事についてプレゼンをし、仕事の依頼につなげたい、という目的です。

【ブレイクスルー・メソッド使用前】

「栃木県宇都宮出身の川辺陽子です。在米25年、現在、旅行会社に勤務しています。主にウェブサイト、カタログ、テレビコマーシャルなどのグラフィック製作を担当しています。アフターファイブでは、ライブパフォーマンス、セミナーやワークショップ、イベントの撮影、編集など、ビデオグラファーの活動もしています。日本のごみ問題、環境問題についてドキュメンタリー映画なども制作しました。

そして昨年から、片づけコンサルタントの資格も取りまして、週末はクライアントのお宅にうかがいまして、片づけのお手伝いをさせていただいています。

グラフィックとビデオグラファーと片づけコンサルタントと、いろんな違ったことをしているのですね、とよく言われることがあるのですが、私からすると、どれも作り上げていく感じが同じで、この3つに共通点があるんです。

それは、片づけのメソッドの極意でもある、『ときめくものだけを残す』ということで、たとえば、たくさんの写真や文章のなかから、必要な素材のみを取り上げてチラシを作成するとか、膨大な映像のなかから、必要なところのみを残して作品を仕上げていく、という点が共通しているんです。

私たちは、『もったいない』『ものは大事に』と言われて育ってきているので、なかなか捨てられない、手放せないということが多いかと思います。

でもこれは、実は『執着』で、いろんな場面で損をしているんです。たとえば人間関係、仕事面、体調面などに、ネガティブなことが起きてくるんです。

でも片づけをすると、メンタルブロックも外れて、体調が良くなった、痩せた、家庭も仕事も順調など、いろんなネガティブを片づけられる人になります。

片づけは自分でするもの、でも大変……と思ってしまいますよね。

でも、片づけはマラソンのようなものなんです。1回で完璧に終わらせるのではなく、マラソンランナーにプロのトレーナーが横について励まし続けているように、コンサルタントが入ることで長期的に、あなたの理想の未来を作るお手伝いができるんです。

この片づけメソッドのミッションは、『片づけによって世界をときめかせていくこと』。そして、コンサルタントとしての私のミッションは、『1人でも多くの人が片づけを終わらせて、ときめく生活を送る手伝いをすること』です。

このメソッドがなぜヒットしているかというと、片づけで人生が劇的に変わる、いわば人生哲学だからです。

しっかりしたメソッドですので、みなさんにもぜひ体験していただきたいです。

私は近い将来、世界1周の旅をしながら、世界中の方々がときめく暮らしを送れるよう、片づけメソッドを使って、各国のお宅の片づけのお手伝いをして回り、その様子を撮影して、文化の違いや共通点、世界の美しい景色、地球の尊さを、みなさんにお伝えしていけたらなあと思っています」

さて、このプレゼン原稿を読んで、どう思われましたか？

仕事の共通点について語ったりしている点は良いところでしょう。本人もとても生き生きと語ってくれたので、片づけが楽しいのだという気持ちもよく伝わってきました。

しかしながら、次のような欠点も見受けられます。

×全体のワンビッグメッセージがぼやけている

ワンビッグメッセージは何でしょうか。

「片づけで世界をときめかせたい」（14字）

これが本人の夢だとしたら、聞き手は「それは良い夢ですね、めでたし、めでたし」で終わるでしょう。

けれども、コーポレートストーリーでは、「自分視点」ではなく、「聞き手視点」でワンビッグメッセージを構築し、相手を動かしていくことが必要です。

×コーポレートストーリーに必要な「明確なゴール」「明確な学び」「明確なネクストステップ」が欠けている

このプレゼンを聞いて、聞き手にどうなってほしいのでしょうか。確実に結果につなげるためには、この3つの要素をまず確認することが大切です。

×「片づけ術」が「キュア」になるはずであるが、そこに至る「コンフリクト」と、それが導いた「チェンジ」が欠けている

川辺さん自身が経験した困難や障害、そして、それを乗り越えた末に得られた理想の姿をストーリーで示すことで、きっと聞き手も自分自身を重ね合わせ、未来予想図を頭と心に描いてくれることでしょう。

×片づけコンサルタントを雇う前と雇ったあとで、どんな素晴らしい未来予想図が描けるのか、具体的に見えていない

聞き手は、「片づけなんて、お金を払ってコンサルタントを雇ってまでするほどのものじゃない」と思っている人もいるかもしれません。

どんな保証をしてⅠの5階段を上らせることができるでしょうか？　コンサルタントを雇ったからこそ見える未来予想図は、どんな図なのでしょうか。

また、ここでも3つの不可欠な要素を、まず確認しましょう。

①明確なゴール：片づけコンサルティングの依頼を受けたい。
②明確な学び：片づけメソッドは、楽しい理想的な生活まで手に入れられる。
③明確なネクストステップ：年末の大掃除前に実行しましょう。

以上を踏まえて、ブレイクスルー・メソッドを適用した改善例が、次のようなプレゼンになります。

【ブレイクスルー・メソッド使用後】

オープニング

「私たちは、『もったいない』『ものは大事に』と言われて育ってきました。たしかに大切なことですが、一方で、捨てられない気持ちが『執着』に代わっていき、人生のあらゆるネガティブなものまでが溜まっていってしまいます。

第1幕　状況設定

私も3年前まではそんな生活を送っていました。でも現在、楽しく理想の暮らしを手に入れています。それが実現できたのは、片づけメソッドとの出会いでした。

私は25年前に、留学でカリフォルニアに渡りました。

当時の私は、『手放せない陽子』（**主人公**）でした。

単身での渡米でとても心細く、日本からたくさんの思い出を持ってきました。母がとっておいてくれた幼稚園の時に描いた絵、大好きだったウサギのお人形、中学受験の合格お守り、32年前に初めて海外旅行した時のガイドブックやアルバム。

いま思えば、『手放せない陽子』は、優柔不断で、何か決めようとしてさんざん迷ったあげく、『まあ、いいか』と何も決められないような私でした。

そんな自分に自信をなくし、余計に自分の周りに思い出を集めて執着していたような生活を送っていました。

第2幕　困難⬇救済⬇変化

それが3年前、仕事のご縁で、長年住んだカリフォルニアからニューヨークに引っ越しをすることになりました。

私にとって大きな転機でしたから、身辺整理もして、ニューヨークで新たな生活を始めようという意気込みがありました。スーツケース2つに人生を詰め込んで、いざ飛び立とう、と思っていたのですが、『手放せない陽子』がまたもや顔を出してきました。

『これを捨てたらもったいない』

『いつか使うかもしれない』

……結局、大きなスーツケース4個にぎゅうぎゅう詰めに押し込んで、なんとかタクシーの助手席にまで荷物を乗せてもらって空港に到着しました。

ところが、なんと荷物制限で500ドルにも上る超過料金がかかると言われたのです。人ごみの空港で荷物を開きましたが、30分ほど荷物と格闘したあげく、結局泣く泣く500ドルを払いました。**（コンフリクト）**

しかも、これだけではすまなかったのです。

私はビデオ制作の仕事をしていたので、手荷物に撮影用の機材や部品がたくさん入っていたのですが、セキュリティーで止められ、質問攻めにあいました。その結果、フライトまで逃してしまったんです。

500ドル払った巨大な4個の荷物はすでに先に行ってしまって、あとの祭り。私はチェックインカウンターに戻り、2本あとのフライトに変更するため、さらに200ドルの変更料金を取られたのです。**（さらなるコンフリクト）**

やっとの思いでニューヨークに到着し、荷解きをしてみると、まあ不要なものが多かったことか！

狭いニューヨークのアパートに収まらず、結局スーツケース2個分くらいは捨てることになりました。

その1カ月後くらいだったでしょうか。ニューヨークで初めてできた友達に、『片づけワークショップがある』と聞いたのです。

そのワークショップが、その後の私の人生を大きく変えるとは、知る由もありませんでした。

ワークショップに参加すると、先生が初めにこう言ったのです。

『片づけと掃除は違います。掃除は、いらないものにフォーカスしてそれらを捨てていきますが、片づけは、ときめくものにフォーカスしてそれだけを残していくんです』

温かい笑顔で語る彼女のことば（キュア）に、『手放せない陽子』は、大きな衝撃を受けました。

その日の夜から、ときめくものにフォーカスしてみることにしました。

するとと、身の回りのものがスッキリと整理されていっただけでなく、心にも余裕ができ、時間をうまく使いながら大好きな旅行もできるようになっていきました。この片づけメソッドのおかげで、『手放せない陽子』を手放して、理想の楽しい生活を手に入れることができました。（チェンジ）

第3幕　収束

私自身が、片づけられなくて大変な思いをしたからこそ、片づけを通してときめく生活を送れるようになる人を、世界に1人でも多く増やしていきたい。

そう願って、昨年、片づけコンサルタントの資格を取り、今度は私がみなさんの理想の楽しい生活実現のお手伝いをしています。

片づけは基本、自分でやるもの、コンサルタントを雇うのは躊躇《ちゅうちょ》する、と思われるかもしれません。私も初めはそう思っていました。

でも、コンサルタントはマラソントレーナーのような存在です。マラソンは練習から1人で走るものだと思いがちですが、客観的な目で走りを分析し、ゴール到達の近道を見つけてくれ、伴走してくれるトレーナーがいるからこそ、マラソン選手は勇気づけられ、モチベーションを保ち、走り続けられるんです。

片づけも同じです。１人ではありません。**（学び）**

クロージング

もうすぐ大掃除の時期がやってきます。片づけをするなら、いま。

あなたのときめく未来の実現のために、片づけコンサルタントの私が、あなたと伴走します。楽しく、理想の生活を手に入れてみませんか？」

いかがでしょうか？　ある状況（Circumstance）に置かれたヒーロー＝主人公（Character）がコンフリクト（Conflict）に苦しみ、そこでキュア（Cure）に出会い、チェンジ（Change）したことで、キャリーアウト＝学び（Carryout）を得る。

この６つのCを取り入れることで、ストーリーが一気に聞き手の関心を惹くものになるのがおわかりになるでしょう。

そして、「明確なゴール」「明確な学び」「明確なネクストステップ」を念頭に置いてストーリーを組み立てることで、クライアントをつかむ集客に結びつくのです。

もとのスピーチを聞いたら、聞き手はおそらく「いろんな職業をしている人」「片づけのコンサルもしている人らしい」といったイメージを漠然と抱くだけで、そこから何か次のステップに進むことはないでしょう。

けれども、コーポレートストーリーにすることで、「優柔不断だった自分が片づけられる人になったことで人生が激変、その後コンサルタントとして活躍している」ということが聞き手に腹落ちし、自分にもできることだと納得して、コンサルを受けようという気持ちにさせてくれます。

事例紹介や事実を並べただけでは相手の頭と心には響きません。

ぜひブレイクスルー・メソッドを取り入れて、コーポレートストーリーにレベルアップし、相手を動かすプレゼンを作っていきましょう。

第6章

リーダーは「自分のことば」で人を動かす

ここまできたところで、あなたもスピーチ／プレゼンにおけるストーリーの術を身につけたかと思います。

「はじめに」でお話ししたように、ストーリーを作るには、自分の内側を掘り下げていく作業が欠かせません。そうすることで初めて、自分らしいストーリーを**「自分のことば」**で語るリーダーになれるのです。

では、そんな自分らしさをどうやって見つけていけば良いのでしょうか。

この章では、ふだんから心がけるべき、自分のことばで人を動かすリーダーになるためのマインドについて考えていきましょう。

「理想のリーダー」のマネをしない

多くの場合、人はロールモデルとなる人、尊敬する人、理想とする人を目標にしていくものです。もちろん、彼らから学ぶことはたくさんあることでしょう。

でも、あなたは彼らそのものにはなれません。そして、周りの人たちも「誰かのマネをしているリーダー」にはついていきたいとは思わないはずです。

私はリーダーの方々に、スピーチ/プレゼンの個人コーチングや戦略コンサルティングで、直接お話をさせていただく機会が多くありますが、素晴らしいリーダーだなと思う方に共通していることがあります。

それは、**謙虚で、学びを忘れず、そして自分らしさをさらけ出すことを恐れない、**ということです。

何もおのれをカッコつけたり、良く見せたりする必要もないのです。

それよりもジャック・マーのように、生々しい失敗談のほうが、よほど親近感を抱かせるのです。

あなた自身の失敗、苦労したこと、うまくいかなかったことからの学びのほうが、よほど聞き手を動かします。

「恐れずに、自分をさらけ出そう!」

と、すべてのリーダー候補者に、声を大にして伝えたいところです。

自分をさらけ出して、自分らしさを発揮してこそ、自分だけのリーダーシップスタイルが見つかります。

自分の経験を振り返り、心のなかを見つめ、何を思い、どう感じ何を学んだのかを改めて客観的に熟考すること。

反省とは過去に起こった自分の間違いを振り返る、いわばネガティブ視点を起点とするフィードバックですが、内省とは自分自身と向き合い、自分の考えや言動を振り返り、気づきを得ることで今後につなげる、いわばポジティブ視点のフィードフォワードです。

自らの決定や行動、または知識を省みる能力があることが、人々を、会社を、成功へ導きます。

できるリーダーとは「利益相反のバランスを保つ一方で『正しい』決断を迅速に躊躇なく下せるリーダー」です。

内省ができるリーダーは、トップリーダーになり得るのです。

そしてまた、デリバリー（話し方）においても、録画をしてみて、自分がどんな話し方をしているかチェックしてみましょう。

話している自分の姿はどのように映っているでしょうか。

どんなリーダーに見えるでしょうか。

誰かのマネではなく、自分らしさを効果的に見せられているでしょうか。

ふだんは活発な印象のあなたなのに、スピーチをしている姿は自信がなさそうだったり、あるいはふだんは温和なタイプなのに、スピーチの時にはムリしてあこがれのトニー・ロビンズに似せようとしたりしていないでしょうか。

自分らしいスタイルを探すためにも、ぜひ録画を3通りの方法で見ながら、自分の姿を客観的に分析してみてください。

自分らしいスタイルを発見する①　そのまま見る

これこそ聞き手が見ている、スピーカーとしてのあなたの姿そのものです。なかにはスピーチの練習は鏡に向かってやるという方がいますが、これは表情の確認などをするのでないかぎり、お勧めしません。

あくまで聞き手視点に立ち、聞き手から見てあなたがどう映っているのか、そのありのままの姿を認識する必要があるからです。
実際のスピーチでは鏡に向かって話しませんよね？

自分らしいスタイルを発見する②　音声を消して見る

動きに集中して見てみると、ボディランゲージのクセが見えてきます。緊張していて無駄にウロウロ歩いているかもしれませんし、同じ手の動きが繰り返されているかもしれません。あるいは、ずっと定位置を動かなかったり、表情がまったく変わらなかったりして、物理的なコントラストがなく、見ていてつまらないかもしれません。

自分らしいスタイルを発見する③　音声だけを聞く

音声だけを聞いてみると、自分でも気づかなかったほど、「えー」「そのー」を繰り返していて耳障りかもしれません。あるいは、声に抑揚がなく、眠くなりそうな話し方だったり、早口になっていたり、せっかくのストーリーなのに感情が伝わらない無機質な話し方になっているかもしれません。

このように3通りの方法で録画を確認しながら、気づかなかったクセを直していきつつ、自分をエネルギッシュに見せたいのか、あるいはインテリジェントに見せたいのか、自分が打ち出したい「自分ブランド」の方向に、デリバリーを寄せていきましょう。ただし、虚像の自分を演出するのではなく、あくまで自分らしさを強調していくのです。

あなたの特徴的な強みを、よりボリュームアップしていくことで、自分らしい話し方のスタイルは確立されていくのです。

「So What?」を常に問いかける

セールスなり、プレゼンなり、スピーチには、それを生身の人間が話すという意義があります。

もし紙資料やオンライン資料だけでこと足りるものであれば、生身の人間がわざわざ時間をとって話す必要はありません。

だからこそ、聞き手視点を常に持っていてほしいのです。

第3章では、「聞き手を知る4つの質問」についてお話ししました（111ページ参照）。聞き手は誰で、どんなベネフィットがあって、そのスピーチ／プレゼン後にはどうなってもらいたいのか、そしてそれをなぜ、あなたが話すべきなのか……。

聞き手のことがわかったところで、その相手に対して届けたいメッセージは何なのかを掘り下げていってください。

その際、繰り返し「**So What?（だから何？）**」と自分に問いかける習慣をつけておきましょう。

聞き手とって、そのメッセージはどんな意味があるのか、どんな未来予想図につながるのか、「So What?」を繰り返し自問することで、メッセージを深めることができます。

たとえば、営業成績が良くない部下に「もっと営業を頑張れ！」と怒鳴りつけるとしましょう。

しかし、部下は「頑張っていますよ、でも成績が上がらないいんっすよ」と心のなかで反発しているかもしれません。
そこで「So What?」を、あなたの心のなかで問いかけてみてください。

営業を頑張れ!
So What?(営業を頑張ったらどうなるのか?)
⬅
営業成績が上がれば人事評価が上がる
So What?(人事評価が上がったらどうなるのか?)
⬅
第1希望の海外駐在先に行ける確率が高まる
So What?(第1希望が通ったらどうなるのか?)
⬅
自分の理想の生活が手に入る

以上のように、「So What?」を繰り返し尋ねることで、より聞き手視点で、パーソナルかつ意義あるメッセージへと深めることができるのです。

だとしたら、聞き手である部下にとっては「営業を××件まで伸ばしたら、海外駐在先で理想の生活ができる」ことが心に届くメッセージになります。

だとすれば、「海外駐在が希望だったよな。営業を××件まで伸ばしたら、グッとゴールに近づくぞ」というアプローチが考えられるでしょう。

ですから、「明確なゴール」を持って、常に「So What?」を尋ねることを忘れずにいてください。

日頃からネタ帳をつけて、ネタを集める

私のようにプロフェッショナルスピーカーをしていると、

「よくそんなに話の種がありますね」

と驚かれることが、しばしばあります。

「自分の仕事、人生には、そんなにストーリーのネタになるようなものがない」と感じている方もいるでしょう。

だからこそ、お勧めしたいのが**「ネタ帳をつける」**ことです。

もちろん私も、ふだんからネタ帳をつけています。そうでなければ、毎日の仕事や日々の営みは、あっという間に流れて、起きたことも感じたこともすぐに忘れていってしまうからです。

ネタ帳のなかには、いつもとちょっと違った日常の出来事やびっくりしたこと、テレビや本で見かけた気に入ったフレーズなどを書き留めています。なかには、子どもの頃やかけ出しの社会人の時のエピソードなどもたくさんあります。

特に大失敗したこと、苦労したこと、初めて何かを体験した時のこと、自分の欠点など……。つまり、「4つのF」にフォーカスしてネタ帳をつけています。

ネタの種を見つけるには、2つの方向性があります。

1つ目は、**「自分が経験した出来事を種にし、そこからメインポイントへとつなげていく」**という方向性です。

何も特別な状況下での出来事でなくていいのです。

たとえば、幼い子どもとのやり取りのなかで、子どもがまったく言うことを聞かず、キレて怒鳴ったあと、悪かったと思って子どもと目線を合わせて穏やかに話をし直したとしましょう。

よくある状況ですよね？　でもこの普通の出来事を、1歩離れて観察してみましょう。この出来事からどんなメッセージが伝えられるでしょうか？　何か小さくてもよいので、学びはないでしょうか？

「子どもと目線を合わせることが大切だと学んだ」

「自分の感情コントロールは難しいが、チャレンジせねばと誓った」

「どんなに小さい子どもでも、しっかり向かい合えばちゃんと理解できるのだと気づいた」

など、いろいろなメッセージに結びつけられるのです。

その出来事を通してどんなメッセージを伝えるのが、もっとも聞き手の心に響くだろうかと考えながら、ワンビッグメッセージを1つに絞り込んでいきます。

その出来事を種に、伝えたいメインメッセージが定まったら、今度はそれをストーリーとして広げ、効果的な構成を考え、印象に残る仕掛けを組み込み、スピーチとして組み立てていくのです。

2つ目は、**「伝えたいメッセージを種にし、そこからストーリーへと広げていく」**という方向性です。

時には、これを伝えたい！　ということが先に思い浮かぶこともあります。

「何かに成功したければポジティブ思考が必要だ」

「健康のためにはダイエットと運動の両方が必要だ」

「自分の状況を変えたければ、自分が変わらなければいけないのだ」

などのメッセージです。

こちらは、ワンビッグメッセージをまず20字にまとめます。

そして、ワンビッグメッセージを支えるメインポイントを3つ探していきます。

メインポイントがしっかり定まったら、次にすべきことは、それを伝えるために最適なストーリー探しです。

過去の自分自身のさまざまな経験を洗いざらい書き出していき、メインポイントやそのサポートとなるサブポイントなどが引き出せるかを照らし合わせていきます。

そして、ストーリーに必要な「６つのＣ」を組み込みながら、ドラマを描いていくのです。

ビジネスの場合はほとんど、２つ目の方向から入るケースではないかと思います。ビジネスでは目的がはっきりしています。たとえば、

「新商品を買ってもらいたい」

「企業ブランドを向上させたい」

といったことでしょう。

たとえば、ゴールが「新商品を買ってもらいたい」のならば、この商品によっていかに人々の生活が向上したのかを伝えてみましょう。

「企業イメージ」ならば、あなたの会社が、社会やビジネスに日々貢献している姿をストーリーに乗せて具体的に表現してみましょう。

そうした目的に合ったストーリーを考えるには、やはりふだんからネタ帳に、ネタ

を書き込んでいることが財産となるのです。

ビジネスで困難だった問題、問題が解決された時のこと、そこからの学び、そうしたネタをネタ帳に書き込んでいくのです。

そのネタが使えるかどうかは関係なく、ふだんの生活からひらめいたネタは、ぜひノートに書き込んでいきましょう。

ネタの種はたくさん仕込んでおくに越したことはないのです。

いずれかの種から、ちゃんと芽が出て、花が咲きます。

仲間とともに「YES AND」のマインドを持つ

1人で黙々と自分磨きをするのも、もちろんいいことです。

しかしながら「おのれのスピーチ／プレゼン／セールス力の向上」というゴールに向かうには、同じような目的を持った仲間とともに切《せっ》磋《さ》琢《たく》磨《ま》したほうが、よほど成果が出やすいものです。

私の場合で言えば、プロフェッショナルなスピーカーたちが、さらにおのれの能力を磨くブートキャンプに定期的に参加しています。プロ対象の、非常に集中したレベルの高いトレーニングです。

そこに参加したブートキャンプ仲間とは、アカウンタビリティー・パートナーとして、毎週1回、Zoom（ズーム）で勉強会を続けながら、いま困っていることや助けが必要なことを話し合ったり、新しい原稿のフィードバックを求めたり、この1週間のアクションプランを話し合ったりしています。

アカウンタビリティーというのは、もともと英語では「責任」とか「責任説明」のことを指します。

ここでは、**「結果に対する責任」を持って自己の役割をまっとうし、求められた結果を出すような仲間**という意味合いと取ってください。

そして、このアカウンタビリティー・パートナー同士で約束にしている考え方が、**「Yes, And」（そうですね、そして）**ということばです。

たとえば、毎日の仕事の現場で考えてみてください。

誰かが出した意見、誰かが出したアイデア、誰かが出した計画に、

「いいね、でも」(Yes, But)

と返すパターンがとても多くはないでしょうか。

頭ごなしに否定するわけではないにせよ、「いいけれど、でも」「まあ、それもあるかもしれないが」といった言い回しはよく耳にするところではないでしょうか。

しかし、ブートキャンプでは、その言い回しはタブーです。

あくまで肯定したうえで、さらに展開的な発想でつけ足していく。


「その意見はいいね、さらに言うと、××するといいね」

「そのアイデアはいいと思う。そして××を足してみたら、さらに効果的だね」


マインドのトレーニング法になるのですが、「いいね、そして」という話し方、考え方をクセにしていくと、ポジティブな展開型思考が身につき、自分の思考の枠も広がっていくのです。

そうすることで、ストーリーのネタの種もどんどん増えていきます。

現代で求められるのはファシリテーター型のリーダーシップですから、その発想の訓練にもなります。

ぜひともあなたと目的をともにする、向上心があって、互いに切磋琢磨できるアカウンタビリティー・パートナーとスピーチ／プレゼン力を磨いていきましょう。

たとえば、リーダーを目指す人たちの勉強会に参加してみる、スピーチ／プレゼン力をつけるセミナーを受ける、あるいはコーチをつけてみるのも、目的地に到達できる近道かもしれません。

1人で訓練するよりも、仲間と訓練したほうが成果を出せるはずです。

あなたには「自分にしか語れないストーリー」が必ずある

この本の初めには、ジェフ・ベゾスのストーリーを紹介しました。あの子ども時代の経験は彼しか経験しなかったものです。あるいは、豊田章男氏のストーリー。あれも彼にしか経験できなかったものでしょう。

すぐれたリーダーたちは、みんな内省をして、おのれの体験や学びを深く掘り下げているものです。

私が乳がんサバイバーだということは、「はじめに」でもお話ししました。告知を受けた時、まさに意識したのは、「Yes, And」のマインドでした。

そうなってしまったことは変えられない。でも変えられるのは自分のマインドです。大変な状況であればあるほど、その体験は、**「私だからこそ話せるストーリー」**になるのです。

そして、そのストーリーを聞きたい人たちが世界にいる。だからこそ、自分のありのままをさらけ出し、聞き手とつながり、聞き手を動かしていきたい。まさに、「Yes, And」の精神です。

自分がくぐり抜けた苦労や心痛、あるいは困難な時期というのは、あなたにしか語れないネタの宝庫になるのです。

また、２０１９年のスピーチ大会で、私が選んだストーリーも、きわめて個人的な体験です。

かつてアメリカの大学に留学した時、意気揚々とキャンパスに入学した私は、膨らんでいた期待を早々と打ち砕かれました。

なぜなら、周りのアメリカ人学生たちが話している英語にまったくついていけなかったのです。英語なら自信があったのに。

「What's up?（調子どう？）」と言われて「上（up）」のことかと思ったり、「That sucks!（サイテー）」と聞いて「ソックス（Socks）」がどうしたのだろう、と思ったり……。

スラングや言い回しがまったくわからないため、会話が全然できなくて、「話せない」と恐怖を感じるようになっていきました。

毎日食事が終わるとすぐ部屋に入り、ドアをぴしゃりと閉めていました。劣等感いっぱいで、よく泣いていました。

それが大きく変わったのは、３カ月ほど経ってからです。

アメリカでは、学生たちは毎週金曜日になるとビールを片手にパーティーをするのですが、私は参加するなんてとんでもないと思っていました。

しかし部屋に戻ろうとしたある時、ネートという男の子に腕をつかまれて、

「ねえ、きみっていつも人を避けてない？」

と聞かれたのです。

私は自分のなかのモヤモヤが張り詰めていて、水をたっぷり詰め込んだ風船のような状態でした。だからネートのこの言葉に、風船をパンと割ったようになり、大泣きしてしまったのです。パーティーをやっている人たちは驚いて、何事かと私の周りに集まってきました。

私は泣きながら片言の英語で、「だって英語うまくないし、話せないし……」と言いました。すると、ネートは、

「So What?（それが何？）」

と言ったのです。

その瞬間、自分のなかですごく気にしていたこと、「英語がうまくないと渡り合えない」と思っていたことから解放されたのです。

自分の下手な英語ではわかってもらえないかもしれない、相手が話していることが

わからなかったら会話に参加してはいけない。そう思い込んでいたけれど、実は周りはまったく気にしないのだと……。

その翌日から、私は同じフロアの比較的話しやすい留学生のところに、ムリやり質問を作って聞きに行くようになりました。


このストーリーには、驚くほど多くの人が共感してくれました。

たかだか留学時代のエピソードです。けれども、そこには多くの人が共感できる普遍的なものがあったのでしょう。

個人の体験には、実は普遍的にシェアできる知恵が含まれているのです。


あなたの人生にも、さまざまなコンフリクトや危機があるでしょう。

人生は常に順風満帆ばかりではありません。苦労をする時も、事故も病気も、失敗も破綻《はたん》も、つらい時も悲しい時もあって、それは誰もが避けられないのです。

どんな人であっても、苦労や困難はついて回ります。

しかし、その人生で織りなす、さまざまな経験こそ、あなたのストーリーを豊かにしてくれるものなのです。

あなたが出会った困難、必死の努力、報われなかったこと、否定されたこと、失敗したこと、悔しかったこと、もう終わりだと落ち込んだこと……。それらはストーリーの宝庫なのです。

あなたは痛みを背負ったぶん、豊かなストーリーも得ることができたのです。

あなたと同じ経験をして、同じ学びを得た人間は、この世に誰もいません。

あなたの経験は、あなただけのストーリーです。

たった1人の、あなたとして語ることができるストーリーなのです。

さあ、明日からあなただけのストーリーを堂々と語りましょう！

おわりに

まだ私が新米コンサルタントだった頃のことです。

ＭＢＡやトップ戦略コンサルティング会社、日系大手の商社などの名前が履歴書に並び、自信を持って自分の戦略コンサルティング会社を立ち上げ、順風満帆なスタートを切っていました。

私は「ＭＢＡを取得した戦略コンサルタント」らしく、論理的思考を持ってリサーチ、分析、戦略設計などを得意としていました。

そんな折、ある日本の伝統的な業界の会社からコンサルティングの依頼を受け、ロゴス（論理的アピール）全開のプレゼンを「大成功」させました。

ところが、その大成功だったはずのプレゼン直後、その会社の理事長から呼び出され、即首を切られてしまったのです。

リサーチや分析力は優れていたはずです。いま、その時のプレゼン資料を見直しても、なかなか良い戦略が描かれていました。

何がいけなかったのか。

あなたにも、首を切られた経験はなかったとしても、一生懸命作り上げて発表した内容が、あっけなく却下された、批判された、なかなか首を縦に振ってもらえなかった、そんな経験が少なからず一度はあるのではないでしょうか。

本書を読まれたあなたならすでにお気づきでしょう。私の失敗の原因は、エトス（倫理的アピール）とパトス（情緒的アピール）の欠落にありました。

私はクライアント企業から採用されるや否や、相手との関係構築に時間を費やすこともなく、正論を真っ向からぶつけていました。そしてその正論とは、採用してくださった理事長ご本人の意向から大きく外れるものでした。

人は論理だけでは動かせない。

それを肝に銘じられた、痛い経験でした。

その後も実は似たような失敗を何度かしています。自分の強い思い込みから、アグレッシブなプレゼンをして相手を困惑させたこともありました。

そんな新米コンサルタントの時期から15年以上経ち、プロフェッショナルスピーカーになったいま、これらの失敗談すべてが、「学び」となり、基調講演や研修などでの貴重な「ストーリー」の宝庫となっています。

私がプロフェッショナルスピーカーになろうと思ったきっかけは、人生の予期せぬ出来事でした。

２０１７年2月6日、私は乳がんの告知を受けました。

しかし、その翌日2月7日はスピーチコンテストの１次予選。揺れる感情を抑えながらのスピーチで、１位通過。ありとあらゆる検査を経たあと、３月13日には２次予選。１位通過。

その２日後の3月15日に全摘手術。

実は、この日はなんと夫の誕生日でした。前日に誕生日を祝いながら「誕生日なのに、ごめんね……」とうなだれる私に、夫は意外な言葉を投げかけてくれました。

「最高の予期せぬ誕生日プレゼントだよ。だって君のがんがなくなるんだから」

予期せぬプレゼント……。

つらいこと、大変なこと、それはちょっと角度を変えてみてみれば、新たな視野が広がってくる……。Yes, And…!

これが私の原動力となり、次のスピーチのストーリーが出来上がりました。そして、このメッセージは観客の心を強く揺り動かすものになりました。

全摘手術から約1カ月後の4月19日に第3次予選で1位通過、そして5月には、ニューヨーク州の決勝進出ほか、いくつかの講演会にも登壇することになりました。

乳がんの治療は、これまでの人生でももっともつらかった体験の1つですが、そんな時だからこそ、私ならではの視点を持ち、自分のことばで、自分だけのストーリーを語ることで、私のメッセージを受け取って勇気づけられる聞き手がいる。そして、実は自分自身も勇気づけられる。

そう気づかされた時、私は迷いなくプロフェッショナルスピーカーになる決意をしました。

ビジネスプレゼンでも同様です。私が新米コンサルタント時代に積み重ねたたくさんの失敗談がストーリーの種になり、聞き手にとっての学びにつながり、彼らのビジネスが、あるいは世界観が、好転していくきっかけになるのです。

ストーリーを作り上げるというのは、実は表面上のことであって、実際には、自分自身を豊かにしてくれるものです。

なぜなら、ストーリーを作り上げる過程というのは、自分にしか語れないものを探り当てるため、深く内省していくプロセスそのものだからです。

失敗や苦悩など、できれば公にしたくないような出来事とあえて直面し、学びを引き出し、それを自分自身のストーリーとして自分の言葉で語っていくことで、聞き手も共感し、心がつながり、自分自身の世界も広がっていくのです。


ストーリーには、誰かの人生を変える力があります。あなたの言葉で、心が、人が、世界がつながっていくのです。そしてその力は、着飾ることではなく、誰のマネをすることでもなく、ありのままの自分をさらけ出すことを恐れず、自分らしさを追求していくことで得られる力です。

あなただけのストーリーを探り当てる内省プロセスを経て、その力が得られます。

人生を変えてくれる力を持つリーダーこそが、私たちがついていきたいリーダー像、そして、自分自身が目指したい姿ではないでしょうか。

私がプロフェッショナルスピーカーとして、モットーとしていることがあります。

それは、

Changing the world, one speech at a time.（英語8語）。
「世界を変える。スピーチ1つで」（日本語13字）

このストーリー術を身につけたあなたなら、きっと自分のことばで、あなただけのストーリーを語り、人を、会社を、社会を、そして世界を変えるリーダーになれるはずです。

私のストーリーはお話ししました。

今度はあなたの番です。

あなただけのストーリーを聴かせていただくのを、楽しみにしています。


最後になりましたが、本書を書くに当たって、担当編集者の稲川智士さんには、大変お世話になりました。ありがとうございました。

そして、ブックライティングを担当してくれた、ロジー黒部エリさん、ありがとうございました。

また、本書に引用したエピソードを快諾してくださったサイボウズ株式会社、ダイアログ・イン・ザ・ダーク、大堀相馬焼松永窯のみなさま、ありがとうございます。ほかに引用させていただきましたコンサル例は、すべて仮名にしておりますが、引用を快諾してくださったみなさまにもお礼申し上げます。

そして最後に、私を支えてくれた家族、夫のロバート、娘のリナに愛と感謝を捧げたいと思います。


本書を読んでくださったみなさま、ありがとうございます。

次はあなたがストーリーを語る番です！

２０２０年３月　新型コロナウイルスで外出禁止令のなかのニューヨークにて

リップシャッツ信元夏代

〈著者プロフィール〉

リップシャッツ信元夏代（Natsuyo Nobumoto Lipschutz）

事業戦略コンサルタント、認定スピーチコーチ、プロフェッショナルスピーカー。

ニューヨーク在住。1995年、早稲田大学商学部卒業。ニューヨーク大学スターン・スクールオブビジネスにて経営学修士（MBA）取得。早稲田大学卒業後すぐに渡米し、伊藤忠インターナショナル・インク（NY）に勤務。その後マッキンゼー・アンド・カンパニー（東京）を経て、2004年に事業戦略コンサルティング会社のアスパイア・インテリジェンスを設立。同社を通して、調査分析、戦略設計、及びグローバルリーダー育成のための各種企業研修を提供。

2014年には、ブレイクスルー・スピーキング™を立ち上げ、グローバルに活躍する日本人向けに人々の心を魅了するプレゼン・スピーチを指導。トースト・マスターズインターナショナルの国際スピーチコンテストでは、日本人初の地区大会4連覇、2019年の大会では世界トップ100入りを果たす。また、日本人で唯一のWorld Class Speaking認定講師となる。全米プロスピーカー協会会員。2015年にはTEDxWaseda Uにも登壇し、そのスピーチ“Living in the YES”は反響を呼んだ。

著書に『20字に削ぎ落とせ』（朝日新聞出版）、英語著書にブライアン・トレーシー氏との共著『The Success Blueprint』(Celebrity Press)がある。

◆ブレイクスルー・スピーキング
http://www.btspeaking.com/
◆著者メディア「信元夏代のスピーチ術」
https://natsuyo-speech.media/

〈編集協力〉ロジー黒部エリ
〈装丁〉竹内雄二
〈DTP・図版作成〉沖浦康彦

世界のエリートは「自分のことば」で人を動かす

2020年5月3日　　初版発行

著　者　リップシャッツ信元夏代
発行者　太田　宏
発行所　フォレスト出版株式会社
〒162-0824 東京都新宿区揚場町2-18　白宝ビル5F
電話　03-5229-5750（営業）
03-5229-5757（編集）
URL　http://www.forestpub.co.jp

印刷・製本　日経印刷株式会社

ISBN978-4-86680-079-0　Printed in Japan

読者無料プレゼント

Free Gift!!

あなたのことばで、
あなたらしいストーリーを生み出す

「ストーリー作成 ワークシート」
&
「ストーリーネタ帳ファイル」

・PDFファイル・

最後までお読みいただきありがとうございます。
第３章の最後に掲載しました「ストーリー作成 ワークシート」と、
第６章で紹介しましたネタ作りの「ストーリーネタ帳ファイル」を
実際に活用していただくために
ダウンロードにて、ご使用できるようにいたしました。
あなたのスピーチ／プレゼンにご活用ください。

▶ ダウンロードはこちら

http://frstp.jp/prostory

※無料プレゼントはWeb上で公開するものであり、小冊子、CD、DVDなどをお送りするものではありません。

※上記無料プレゼントのご提供は予告なく終了となる場合がございます。あらかじめご了承ください。